Gerhard Pfennig

Museumspraxis und Urheberrecht

Berliner Schriften zur Museumskunde
Band 13
Institut für Museumskunde
Staatliche Museen zu Berlin –
Preußischer Kulturbesitz

Gerhard Pfennig

Museumspraxis und Urheberrecht

Eine Einführung

Springer Fachmedien Wiesbaden GmbH 1996

ISBN 978-3-8100-1469-6 ISBN 978-3-663-14359-8 (eBook)
DOI 10.1007/978-3-663-14359-8

Ursprünglich erschienen bei Leske + Buderich, Opladen 1996.

Inhalt

Einführung

Museen und Sammlungen stehen heute vor vielfältigen Herausforderungen; das Engagement der öffentlichen Haushalte nimmt ab, neue Finanzierungsquellen im privaten Bereich müssen erschlossen werden. Weltbekannte, häufig privat betriebene Museen im Ausland vermarkten ihre Bestände im großen Stil und dienen als Beispiel für die Kommerzialisierung von Sammlungen. Besonders verlockend erscheinen in diesem Zusammenhang die Möglichkeiten, die die Entwicklung neuer Speicher- und Übermittlungstechniken im digitalen Zeitalter eröffnet: Es scheint nur noch eine Frage der Zeit zu sein, bis die Sammlungsbestände der großen Museen in digitalisierter Form als Datenbanken dem Massenverkehr auf der Datenautobahn zur Verfügung stehen und jedem Haushalt oder jedem kommerziellen Nutzer zugänglich gemacht werden können.

Die Frage ist nicht mehr, ob diese Entwicklung tatsächlich der Bestimmung der Museen entspricht; die Frage ist vielmehr, in welchem Umfang Museen und Sammlungen an der wirtschaftlichen Nutzung ihrer Bestände, insbesondere im digitalen Zeitalter, partizipieren, d.h. Erträge erzielen und damit finanzielle Ressourcen für die Unterhaltung ihrer Einrichtung gewinnen können.

Die kommerzielle Nutzung von Museumsbeständen hat in Deutschland keine Tradition; deshalb bestand für viele Häuser bisher nur in geringem Umfang eine Notwendigkeit, sich mit Fragen der Urheber- und Verwertungsrechte – bzw. weitergehenden wirtschaftlichen Überlegungen – intensiv zu beschäftigen. Allerdings hat die zunehmende Bedeutung, die der Nutzung der Verwertungsrechte besonders der bildenden Künstler in den vergangenen zwanzig Jahren zugewachsen ist, Auswirkungen auf die Herstellung von Publikationen in Museen gehabt, die sich mittlerweile insbesondere durch die Tätigkeit der VG Bild-Kunst in diesem Bereich auf bestimmte Notwendigkeiten der Beachtung des bestehenden Urheberrechts eingestellt und eine gute Kooperation mit den Rechtsinhabern entwickelt haben.

Im Hinblick auf die stürmische Entwicklung neuer Techniken geht es jedoch nicht mehr nur darum, in der Sprache des neuesten „Grünbuchs“ der EU zum Urheberrecht vom Juli 1995 „den Urhebern und anderen Rechtsinhabern in jeder einzelnen Phase des vom Urheber zum Benutzer reichenden Weges ein Einkommen für die Nutzung der

Früchte ihrer geistigen Tätigkeit" zu sichern; es geht jetzt auch darum, daß die Museen selbst sich ihrer Eigenschaft als Träger von immateriellen Rechten und Eigentumspositionen bewußt und stärker als bisher an der Verwertung ihrer Sammlungen beteiligt werden.

Aufgabe dieser Publikation ist es deshalb, zunächst die Möglichkeiten der neuen Techniken und im Anschluß daran das System der Urheber- und Leistungsschutzrechte im internationalen Zusammenhang darzulegen und schließlich deutlich zu machen, in welchem Umfang sie in der Museumspraxis von Bedeutung sind; erörtert werden soll daneben auch, wie auf der Basis des Urheberrechts und anderer geeigneter Rechtspositionen Museen im digitalen Zeitalter ihre Möglichkeiten und Chancen gegenüber den Verwertern sichern und mit wirtschaftlichem Ertrag wahrnehmen können.

Ohne die Beschäftigung mit der grauen Theorie des Urheberrechts und der entsprechenden Gesetzgebung, die sich in den Mitgliedsstaaten der EU auch durch die Harmonisierungspolitik der EU-Kommission in Brüssel entwickelt und vereinheitlicht hat, ist die Materie nicht zu erfassen; die Leserinnen und Leser werden dabei feststellen, daß auch der Bereich der neuen Technologien im wesentlichen mit den Instrumenten des bestehenden Rechts erfaßt und eingeordnet werden kann. Neu sind allerdings – und dies wird im dritten Kapitel dargestellt – die Möglichkeiten, die die neue digitale Technik bietet: das Museum hat es nicht mehr nur mit dem Besucher an der Kasse oder dem Käufer im Shop zu tun, sondern zukünftig mit jedem einzelnen PC-Benutzer, der irgendwo auf der Welt an ein Netzwerk angeschlossen ist.

Die Strategien zur Einführung neuer Datenübertragungstechniken haben mittlerweile erste Priorität im internationalen Wettbewerb der Wirtschaftsblöcke und beschäftigen Politiker der höchsten Ränge; Entwicklungen vollziehen sich in immer schnelleren Sprüngen. Wenn es den „Software-Lieferanten", zu denen die kreativen Künstler und die Museen als Verwalter ihrer Werke gemeinsam gehören, nicht gelingt, schnell Modelle zu entwickeln, die ihr Angebot auf der Medienautobahn verkehrsfähig macht, werden sie auf den Standstreifen geschoben und die Möglichkeit verlieren, aktiv Einfluß zu nehmen.

Über kurz oder lang wird deshalb eine engere Kooperation zwischen Urhebern bzw. den Verwertungsgesellschaften, soweit diese ihre Rechte vertreten, einerseits und den Verwaltern der Museen und Sammlungen andererseits ratsam sein, um die wirtschaftliche Verwertung der Museumsbestände in einer Art und Weise zu regeln, die nicht nur den Interessen der Öffentlichkeit und der Benutzer gerecht wird, sondern auch die materielle Basis erhält, die für die Künstler ebenso lebenswichtig ist wie für die Sammlungen und Museen.

Die nachstehenden Überlegungen gehen zurück auf eine Studie, die der Verfasser im Auftrage des Instituts für Museumskunde der

Staatlichen Museen zu Berlin in der Stiftung Preussischer Kulturbesitz erarbeitet hat; sie berücksichtigen darüber hinaus die langen Erfahrungen der VG Bild-Kunst in der Zusammenarbeit mit Museen, Verlagen und sonstigen Rechtsnutzern einerseits und Bildautoren andererseits.

Absicht der Publikation ist es neben der Darstellung der Sach- und Rechtslage auch, diejenigen, denen es im Rahmen der Museums- und Medienarbeit darum geht, ihre Arbeit im Hinblick auf die Zukunft zu strukturieren, zum Dialog aufzufordern und sie im Rahmen einer weitgespannten Kooperation der Rechtsinhaber zu aktiven Teilnehmern an der interaktiven Zukunft werden zu lassen.

I. Teil
Die Museen im digitalen Zeitalter

1. Museumsbestände und herkömmliche Nutzungen

Sammlungen und Museen enthalten Materialien, die unter bestimmten, wissenschaftlich definierten Aspekten geordnet, in Schausammlungen, Archiven oder Magazinen untergebracht sind. Sie werden entweder uneingeschränkt der breiten Öffentlichkeit zugänglich gemacht oder nach Bestimmung des Sammlungsverwalters einem mit besonderer Zugangsberechtigung ausgestatteten Personenkreis zur Besichtigung oder Bearbeitung zur Verfügung gestellt. Sammlungsgegenstände existieren in Objektform (z.B. Kunstwerke) und als Aufzeichnungen oder Reproduktionen (Bücher, Fotografien, audiovisuelle Werke, Tonträger). Sie stehen entweder im Eigentum der Sammlung oder außenstehender Dritter, die sie als Leihgaben zur Verfügung gestellt haben. Sammelnde Einrichtungen verwalten darüber hinaus eigene und fremde, zur Wahrnehmung übertragene Rechte urheberrechtlicher und sonstiger Natur.

Vorrangiges Ziel des Unterhalts einer Sammlung ist die wissenschaftliche Aufarbeitung und Konservierung der Sammlungsgegenstände durch die eigenen Mitarbeiter und externe Fachinteressenten. Ergebnis der Bearbeitung ist in der Regel die schriftlich, bildlich oder in audiovisueller Form fixierte Gedankenäußerung des Bearbeiters, die die Form eines urheberrechtlich geschützten Werkes – z.B. eines Fotos, einer Zeichnung, eines Sprachwerks oder eines Sammelwerks – annimmt, das je nach Charakter verwertbar sein kann.

Der Öffentlichkeit wird die Sammlung durch wissenschaftlich erarbeitete Bestands- oder Wechselausstellungen, Vorträge, Film- und Videovorführungen und andere geeignete Aktivitäten zugänglich gemacht.

Neben der wissenschaftlichen Arbeit im engeren Sinne erstellen die mit der Verwaltung der Sammlung betrauten Personen Veröffentlichungen von Sammlungsgegenständen oder beschreibende Texte und Materialien zu Bildungs- und Vermittlungszwecken für externe Interessenten bzw. Besucher der Sammlung. Hierzu zählen Sammlungsbestandsverzeichnisse, Verzeichnisse bestimmter Werkkomplexe, insbesondere im Bereich der bildenden Kunst und Fotografie, und alle Arten beschreibender und abbildender, der Öffentlichkeit zugängliche Kataloge, Schriften und Abbildungen.

Schließlich werden einzelne Sammlungsgegenstände in vervielfältigter Form dem breiten Publikum zum Erwerb zu Zwecken des „Kulturkonsums" angeboten, insbesondere als Postkarten und Repliken von Sammlungsgegenständen; hinzu kommen neuerdings alle Arten von Gebrauchsgegenständen unter Verwendung bestimmter, in der Sammlung enthaltener Künstlernamen oder von Eigenname und Bezeichnung der Sammlung selbst. Unabhängig von der Einschaltung sammlungsfremder Unternehmen bei Herstellung und Vermarktung dieser Objekte erscheinen die Sammlungen hierbei selbst als verantwortliche Initiatoren, Herausgeber und teilweise unternehmerisch handelnde Subjekte des Wirtschaftslebens.

Vor allem im Zusammenhang mit der Publikation der Bestände bzw. der Wechselausstellungen von Kunstmuseen haben sich Kooperationsmodelle der Publikation von Büchern und Katalogen entwikkelt, die heute einen breiten Bereich der privatwirtschaftlichen Kunstbuchproduktion prägen und in den letzten zehn Jahren die selbständige Erarbeitung von wissenschaftlich konzipierten Publikationen zur bildenden Kunst durch Verlage auf einen kleinen Marktanteil zurückgedrängt haben.

Getragen werden diese Gemeinschaftspublikationen oft von Finanzierungskonzepten, die das verlegerische Risiko auf ein Minimum beschränken und die wirtschaftlich kalkulierenden Publikationsunternehmen auf die Tätigkeit von Druckereien mit redaktionellem Stab reduziert haben, wobei die Träger der Museen, bei Kunstausstellungen z.T. auch die beteiligten Künstler und ihre Galerien, das wirtschaftliche Risiko und oft die gesamten Herstellungskosten übernehmen. Der Verlag sorgt neben der professionellen Betreuung von Redaktion – auch hier oft kräftig unterstützt von Mitarbeitern der Museen – und Herstellung vor allem für den Vertrieb der Publikation; ein großer Teil der verbreiteten Kunstbücher ist daher mittlerweile von den in Museen vertriebenen Sammlungs- oder Ausstellungskatalogen nur noch durch den Hardcovereinband zu unterscheiden.

Der Nutzen der Museen und Sammlungen aus derartigen Kooperationsverhältnissen liegt im wesentlichen in der Verbreitung der ausgestellten Gegenstände bzw. der Forschungsergebnisse des Hauses; betriebswirtschaftlich betrachtet stellen sie in aller Regel Verlustgeschäfte für die öffentlichen Institutionen dar. Bedingt durch die Einbindung der Museumsverwaltung in kameralistische Strukturen wird dieser betriebswirtschaftliche Verlust jedoch als Verwaltungsaufwendung haushaltsmäßig abgedeckt.

Neben die hausinterne Nutzung der Sammlungsbestände tritt die Fremdnutzung der Museumsbestände, ursprünglich nur zu Zwecken der Wissenschaft und Forschung. Fremde, der Sammlung partnerschaftlich verbundene Institute arbeiten bestimmte Bereich der Sammlung im Zusammenhang mit ihrer wissenschaftlichen Arbeit auf und erschliessen sie aus dem Kontext der eigenen Arbeit heraus. Ergebnis kann die der wissenschaftlichen Forschung gewidmete und nur intern verwendete Publikation sein, aber ebenso eine an die breite Öffentlichkeit gerichtete Aufarbeitung bestimmter Sammlungsbereiche. Eine wachsende Bedeutung gewinnt die Nutzung der Bestände von Museen und Sammlungen durch externe Unternehmen im Rahmen ihrer wirtschaftlichen Zwecke. Hierzu zählen vor allem Unternehmen der Kulturwirtschaft, die Sammlungsgegenstände kommerziell erschließen und dem Konsum breiter Bevölkerungsschichten zugänglich machen, wie z.B. Verlage, Sendeunternehmen, Tonträgerhersteller und zunehmend Sparten der Werbe- und Unterhaltungswirtschaft.

Derartige Nutzungen können dem Interesse der Information über Inhalte von Sammlungen, die in ihnen enthaltenen einzelnen Gegenstände bzw. ganze Werkkomplexe schöpferischer Einzelpersonen dienen; sie können sich aber wirtschaftlich auch vollständig aus dem Sammlungskontext lösen und sich im Rahmen des Kulturkonsums verselbständigen: welcher Kunde eines Warenhauses, der einen Druck des „Manns mit dem Goldhelm“ oder eine Kopie der „Nofretete“ erwirbt, ist sich der Tatsache bewußt, daß es sich um einen Sammlungsgegenstand aus dem Bestand der Museen der Stiftung Preussischer Kulturbesitz handelt?

Die wirtschaftliche Nutzung bestimmter Gegenstände aus Sammlungen hat sich in jüngster Zeit stark entwickelt und in der Hand entschlossener Marketingexperten vor allem amerikanischer Museen zu einem wichtigen Wirtschaftszweig entwickelt; unterstützt wird diese Entwicklung durch den Trend, Konsumgüter in Verbindung mit Namen prominenter Künstler bzw. einzelner Kunstwerke herauszustellen und ihnen die Aura von Luxusartikeln zu verleihen.

Festzustellen ist allerdings, daß gerade europäische Sammlungen und Museen in Ermangelung eigener betriebswirtschaftlicher Konzepte hier häufig nur die Rolle von „Rohstofflieferanten“ spielen, die keinen Einfluß auf Vermarktungsziele nehmen und den wirtschaftlichen Erfolg der kommerziellen Verwertung ihrer Sammlungsgegenstände weitgehend privaten Unternehmern überlassen. Hierbei wird oft auch noch auf die Durchsetzung eines angemessenen Anteils am erzielten Gewinn verzichtet. Dieser Haltung mag das berechtigte Festhalten am traditionellen Auftrag des deutschen Museums – Sammeln, Forschen, Vermitteln (aber nicht Vermarkten) – zugrundeliegen. Angesichts der Entwicklung der einschlägigen Konsumgüterindustrien stellt sich aber zunehmend, insbesondere in politischen Gremien, die über Zuschüsse zu entscheiden haben, die Frage nach der verstärkten Beteiligung von Sammlungen an den Erlösen aus der Verwertung ihrer ihnen anvertrauten Gegenstände. Eine besondere Rolle spielt hierbei die Einführung neuer digitaler Techniken und die dadurch verursachte, nahezu grenzenlose Erweiterung der Nutzungsmöglichkeiten.

2. Neue Perspektiven durch digitale Technologien

Grundlage der vielfältigen Ausformungen der neuen digitalen Aufnahme-, Speicher- und Übertragungstechniken ist die Ablösung analoger Reproduktions- und Übermittlungsverfahren durch die unter Einsatz binärer Zahlencodes erfolgende Auflösung und Umwandlung körperlicher Werke und Zeichen in „bits". Diese kleinsten denkbaren Speichereinheiten unterscheiden nicht mehr nach der Ausgangssubstanz der zugrundeliegenden Information bzw. eines reproduzierten Objekts, sondern verarbeiten in identischer Weise alle Ausgangsinformationen. Die digitale Technologie erlaubt bei Einsatz entsprechender Reproduktions- und Speichertechnik die Auflösung des Ausgangsobjekts (Kunstwerk, Text, Musikwerk, audiovisuelles Werk u.a.) am Anfang der Verarbeitung und seine Wiederherstellung ohne Qualitätsverlust zum Abschluß des Verarbeitungs- bzw. Speicher- und Übermittlungsprozesses. Charakteristikum der digitalen Revolution ist die Umwandlung von „Atomen", also körperlich erfaßbaren Gegenständen, in elektronische „bits" und deren spätere Sichtbarmachung wiederum in Form von „Atomen", etwa Ausdrucken.

Schlagworte der neuen Technik sind „Interaktivität", also die Möglichkeit der aktiven Kommunikation zwischen Datenbank und PC-Benutzer, „Multimedia", die Zusammenfassung verschiedener Medien wie Bild, Ton, Text und Musik auf einem Träger, und „Netzwerk", die weltumspannende Verbindung von Individuen und Datenbanken, sowie „Datenkompression" und die dadurch bedingte Erweiterung von Speicher- und Übertragungsvolumen.

Digitale Aufzeichnungstechniken (digitale Kameras, die keine Silberoxydfilme im klassischen Sinne, sondern Disketten verwenden, sowie entsprechende Ton- und Filmaufnahmetechniken) werden seit längerem in der Praxis eingesetzt; die Umsetzung von Werkabbildungen, die in analoger Form angefertigt wurden, in digitale Reproduktionen gehört zur Alltagstechnologie, wie die verbreitete Überspielung analoger Schallplatten auf (digitale) CDs und das Umkopieren von Fotos, Video-und Filmbändern auf CD-ROMs (CD-ROM – „Read Only Memory": lesbare, abspielbare, aber nicht bespielbare CD).

Digitale Speicher haben im Vergleich zur Analogtechnik weit höhere Aufnahmekapazitäten: Eine 12 cm CD-ROM z.B. enthält eine Speicherkapazität von ca. 650 Megabytes (ein Byte entspricht 8 bits). Dies entspricht einer Kapazität von ca. 250.000 Textseiten im Format DIN-A4, 7.000 Fotografien, 72 Minuten Film oder 180 Minuten Stereomusik auf „klassischen" Tonträgern. Das Beispiel zeigt aber auch, daß die Speicherung von Bildinhalten wesentlich mehr Kapazität verbraucht als die Speicherung von Texten, also aufwendig ist.

Die Speicherkapazität von CD-ROMs wird sich jedoch unter Einsatz von Kompressionstechniken, die eine Speicherung in mehreren

Ebenen ermöglichen, nach heutigem Stand der Technik in Kürze verzehnfachen, so daß in absehbarer Zeit beispielsweise der gesamte Bildbestand eines größeren Museums auf einer einzigen CD-ROM verfügbar sein kann.

Charakteristikum der Digitaltechnik ist, wie bereits ausgeführt, die Möglichkeit der Speicherung verschiedener Medien auf einem einzigen Datenträger („Multimedia"). Die Multimediafunktion stellt die eigentliche qualitative Innovation der Digitaltechnik dar, weil sie die nahtlose Verbindung bisher separat existierender Trägermedien ermöglicht und dem Nutzer den Zugang zu allen Medien über einen Kleinspeicher (CD-ROM) mit Abspielgerät bzw. über einen einzigen, mittlerweile handelsüblichen PC mit Multimediafunktion ermöglicht.

Speichermedien sind neben der transportablen und verkehrsfähigen CD-ROM hauptsächlich Datenbanken in allen denkbaren Dimensionen vom kommerziell genutzten Großspeicher bis zum PC im Hausgebrauch, deren Inhalt je nach Bedarf und Ausstattung des Datenbankbetreibers in Form von Disketten oder wiederum in Form von CD-ROMs vervielfältigt und verbreitet werden kann.

Zu den bespielten Trägern tritt das Leermaterial, also digital bespielbare Kassetten oder CDs. Hier ist die Entwicklung einer weltweit standardisierten Norm noch nicht abgeschlossen, aber absehbar.

Digital gespeicherte Daten können in jeder beliebigen Form auch unkörperlich übertragen werden, sei es durch Kupfer- oder Glasfaserkabel, Sendung über Satelliten oder andere Übermittlungstechniken. Die Übertragung gewinnt eine neue Dimension durch die erwähnte Datenkompression, die einerseits die Übertragungskapazität der Übertragungsnetze erhöht und andererseits die Übertragungskosten verringert. Der Unterschied zwischen Kabel- und Satellitenübertragung liegt darin, daß die interaktive Kommunikation zwischen „Sender" und „Empfänger", also der Dialog zwischen Nutzer und Datenbank, nur über Kabelnetze funktioniert. Die Satellitenverbreitung ermöglicht dagegen nur den einseitigen Empfang.

Die interessierte Medienwirtschaft rechnet mit einer erheblichen Vergrößerung der Transportkapazität von Satelliten- und Kabelsystemen. Sie erwartet, daß die Kapazität von Kabelnetzen, die derzeit mit der herkömmlichen analogen Technik 30 bis 50 Fernsehkanäle verbreiten, in wenigen Jahren auf 300 bis 500 digitale Fernsehangebote erweitert werden kann; das gleiche gilt für die Kapazität der Satelliten, die digitale Signale abstrahlen.

Wesentliches Charakteristikum digitaler Technologie ist die Ermöglichung von „Interaktivität", d.h. Kommunikation zwischen Verbreiter und Empfänger von Informationen. Interaktive Mediennutzung ermöglicht z.B. Übermittlung bestimmter Programme vom Anbieter an den Empfänger auf Wunsch des Empfängers („video on demand") und die Entgegennahme von Dienstleistungen von Banken,

Kaufhäusern etc.; unter dem Stichwort „BTX“ bzw. „datex-j“ und neuerdings „T-online“ hat z.B. in Deutschland die Telekom ein derartiges interaktives Kommunikationsnetz etabliert. Private Anbieter sind gefolgt bzw. planen im Wettbewerb entsprechende Dienste.

Interaktive Medien erlauben dem Nutzer individuelle Eingriffe in Datenträger, Veränderung, Manipulation und Weiterentwicklung gespeicherter bzw. übermittelter Informationen. Die entsprechend interaktiv weiterentwickelte Version des transportablen, verkehrsfähigen Speichers ist die CD-I („interactive“), die, über ein entsprechendes Abspielgerät mit dem PC verbunden, direkte Eingriffe des Nutzers auf den Speicherinhalt ermöglicht, z.B. Bearbeitungen, Veränderungen und Kommunikation in Anwendung von Lernprogrammen, aber auch bei der Bearbeitung und Manipulation von Kunstwerken, Fotos und Texten.

Die technisch ermöglichten Eingriffe in Werke haben weitreichende urheberrechtliche Konsequenzen, die im zweiten Kapitel unter den Stichworten „Entstellung“, „Bearbeitung“ und „freie Benutzung“ erörtert werden.

Digital konzipierte Datenbanken jeder Dimension sind untereinander netzfähig; d.h. sie können unter Einschaltung eines „Modems“ z.B. mit herkömmlichen analogen oder modernen digitalen Telefonnetzen verbunden werden, die ihrerseits zur Datenübermittlung eingesetzt werden, wobei die Kapazitäten je nach Technik unterschiedlich entwickelt sind.

Neben den bisher bekannten und derzeit noch monopolistisch betriebenen nationalen Netzwerken (BTX/datex-j in Deutschland, „minitel“ in Frankreich) werden Datennetze interkontinental unter Einsatz von Kabel- und Satellitentechnik von verschiedenen kommerziellen und nichtkommerziellen Anbietern aufgebaut und entwickelt. Pionierarbeit leistet das ursprünglich für militär-wissenschaftliche Zwecke entwickelte „Internet“, das den Benutzern gegen eine geringe Monatsgebühr und Abrechnung der Benutzungszeiten der Übermittlungsleitungen Zugriff auf zahlreiche Datenbanken von wissenschaftlichen Einrichtungen, Verlagen, Banken etc. ermöglicht. Daneben entstehen zunehmend kommerziell geprägte Datennetze, wie z.B. Compuserve, die oft neben der Übermittlung von Daten von Sender zu Empfänger im herkömmlichen Sinne auch Zugang zu Datenbanken ermöglichen; neuerdings werden sie auch von großen Software-Herstellern wie Micro- Soft entwickelt und angeboten.

Während der datex-j-Dienst der deutschen Telekom 1994 600.000 Kunden hatte, registrierte „Internet“ weltweit ca. 20 Mio. Benutzer, das kommerzielle Netz „Compuserve“ 2,1 Mio.

Prognostiziert wird, daß der Ausbau der vorhandenen Datennetze in absehbarer Zukunft einen derzeit noch nicht meßbaren Anteil der Verbreitung von Informationen in körperlicher Form (Bücher, Zeitungen, Abbildungen) überflüssig machen wird; über den „elektronischen Kiosk“ soll der Nutzer je nach seinem speziellen Interesse die gewünschten Informationen aus Datenbanken abrufen, am Bildschirm erfassen und ggf. auf seinen eigenen Datenträger kopieren bzw. über entsprechende Vervielfältigungsmedien hörbar oder sichtbar machen können. Ziel der Netzwerkapologeten ist die Datensteckdose („Top-Set-Box“), die einerseits traditionelle Telekommunikations- und Programmübertragungsangebote erschließt und darüber hinaus individuellen Zugang zu allen denkbaren digitalisierbaren Produkten ermöglicht und, verbunden mit entsprechenden Erfassungstechniken, jede individuelle Nutzung des Inhalts von Datenspeichern erfaßbar und abrechenbar macht.

Die Prognosen über die Vervollständigung des Netzes der „Datenautobahnen“ und insbesondere der vollen Etablierung der interaktiven Dienste weichen stark voneinander ab; der Bedarf an Endgeräten und Speicherkapazität läßt sich in seiner Abhängigkeit von volkswirtschaftlichen Entwicklungen kaum kalkulieren. Festzuhalten bleibt dennoch, daß dem Multimediamarkt in den nächsten Jahren ein Wachstum von 40-50% bis zu einem Umsatz von 24 Milliarden US-Dollar gegen Ende des Jahrtausends vorhergesagt wird; bereits 1996 sollen auf dem europäischen Markt sieben von neun Millionen verkaufter Personalcomputer multimediafähig sein, d.h. mit Laufwerken für CD-ROM und CD-I versehen sein.

3. Wirtschaftspolitische Bedeutung des Ausbaus der „Informationsgesellschaft“

Netzwerke sind ihrer Natur nach international. Dies hat weitreichende Konsequenzen auf die Anwendbarkeit von Schutzgesetzen zugunsten des geistigen und materiellen Eigentums: Wie kann zukünftig urheberrechtlicher Schutz noch gewährleistet werden, wenn Einspeisungen in Netzwerke aus dem rechtsfreien Raum einer künstlichen Insel auf hoher See oder aus einem Land mit geringem Schutzniveau erfolgen? Mögliche Antworten ergeben sich aus den Ausführungen zur internationalen urheberrechtlichen Situation im II. Teil.

Die Entwicklung und Markteinführung neuer digitaler Technologien wird von wirtschaftslenkenden bzw. wirtschaftsfördernden nationalen und übernationalen Institutionen und Einrichtungen massiv gefördert.

Vorrangiges Interesse wird dabei auf die Entwicklung der Technologien als Basis für die Entfaltung der Wirtschaftskräfte in der jeweiligen Region gelegt, weniger Beachtung wird den zu transportierenden Inhal-ten gewidmet. Zwar wird stets die Bedeutung des Schutzes des geistigen Eigentums und kultureller Werte bzw. Identitäten hervorgehoben, gleichzeitig wird allerdings auf die Notwendigkeit des erleichterten Zugangs zu geschützten Werken hingewiesen. Soweit das Beharren auf urheberrechtlich begründeten Verbotsrechten und anderen Rechtszuständigkeiten sich behindernd auf den Verkehr auf der „Datenautobahn" auszuwirken droht, werden diese Rechte teilweise in Frage gestellt.

In den USA gründete Präsident Clinton im Februar 1993 die „Information Infrastructure Task Force" (IITF), um ein Konzept der Regierung für die „National Information Infrastructure" zu entwickeln. Vizepräsident Gore hat sich dieser Aufgabe mit besonderer Intensität angenommen und die Arbeiten der Kommission, die unter dem Schutz des US-Patent and Trademark Office steht, sehr gefördert.

Der Report der Regierung hält für unausweichlich, daß die bestehende Informationsinfrastruktur des Landes – Telefone, Fernsehkommunikation, Radios, Computer und Faxgeräte – als System getrennter Kommunikationsnetzwerke in Zukunft in ein hoch entwickeltes und auf Hochgeschwindigkeiten ausgelegtes interaktives digitales Breitbandkommunikationssystem umgewandelt wird. Beabsichtigt ist, das nationale Kommunikationsnetz mit „Computern, Telefonen, Faxgeräten, Scannern, Kameras, Keyboards, TV-Geräten, Monitoren, Druckern, Drahtnetzen, Kabelnetzen, Netzwerken und Satelliten in der gesamten Welt im Rahmen eines Gesamtkonzeptes zu verbinden".

Ein wesentlicher Punkt in den Überlegungen zum Aufbau der nationalen Informationsinfrastruktur ist der zukünftige Umgang mit Urheberrechten und urheberrechtlich geschützten Bestandteilen von Datenbanken. Um dieses Recht handhabbar zu machen, werden auch Vorschläge zur Entwicklung des Urheberrechts unterbreitet, die bestimmte Nutzungen geschützter Werke im Zusammenhang mit digitaler Technologie freistellen sollen, weil das Gesetz den umfassenden Zugriff auf diese Werke derzeit noch behindert. Der Entwurf wird, soweit er sich auf die Nutzung von Urheberrechten bezieht, verständlicherweise bereits heftig von den nationalen Verwertungsgesellschaften und Rechtsinhaber, etwa der Filmindustrie, angegriffen, die sich dem erleichterten Zugriff auf die von ihnen verwalteten Rechte im Interesse der Urheber, Musikverleger, Sendeunternehmen und Filmproduzenten widersetzen.

Die EU-Kommission veröffentlichte im Jahr 1993 das Weißbuch „Wachstum, Wettbewerbsfähigkeit, Beschäftigung – Herausforderungen der Gegenwart und Wege ins 21. Jahrhundert" und stellt darin fest, daß in der EU derzeit (1993) 1,8 Millionen Menschen wirtschaftlich im Zusammenhang der audiovisuellen Produktion tätig sind. Die Kommission sieht hier erhebliche Zuwachsmöglichkeiten zur Schaffung von neuen Arbeitsplätzen, die bis zum Jahre 2000 2 Millionen zusätzlich erreichen sollen.

Nach der Einschätzung der EU-Kommission wird der audiovisuelle Sektor im 21. Jahrhundert zu den größten Dienstleistungssektoren gehören. Eines der Angebote dieses Dienstleistungssektors wird nach Einschätzung der EU-Kommission sein, daß bis zum Jahr 2000 die Zahl der Fernsehkanäle auf 500 und die der Fernsehsendestunden im gleichen Zeitraum von 650.000 auf 3,2 Millionen ansteigen (sollen).

Ergänzend zu ihren globalen Überlegungen zur Unterstützung der Einführung neuer Informationstechnologien unter besonderer Berücksichtigung der daraus resultierenden urheberrechtlichen Konsequenzen beschäftigt sich die EU-Kommission mit der Verbesserung des Software-Angebots für die neuen Informationsstrukturen, z.B. durch verschiedene Programme zur Unterstützung der audiovisuellen Produktion, der Förderung der europäischen Filmindustrie und der Deregulierung der Fernsehsysteme.

Speziell mit den Zusammenhängen zwischen der Entwicklung der Informationsgesellschaft und dem Urheberrecht befaßt sich ein „Grünbuch" der EU-Kommission vom Juli 1995, das besondere Auswirkungen auf die Rechtswahrnehmung untersucht, auf die später näher eingegangen wird.

Entsprechende Überlegungen wurden in Japan von der Regierung vorgestellt.

Die führenden Wirtschaftsmächte diskutierten die Entwicklung der Informationsgesellschaft im Weltmaßstab im Februar 1995 auf einem „G-7-Gipfel" und beschlossen u.a. einige Pilotprojekte; hierzu gehört das Projekt „Elektronische Museen und Galerien" – die Beschleunigung der Multimedia-Digitalisierung von Sammlungen und die Ermöglichung des Zugangs der Öffentlichkeit sowie ihre Erschließung als Bildungsquelle für Schulen und Universitäten.

Die urheberrechtliche Perspektiven der erwarteten Entwicklung werden auf internationaler Ebene vor allem im Rahmen der UNO-Unterorganisation für geistiges Eigentum – WIPO (World Intellectual Property Organisation) – erarbeitet. Sie veranstaltete in den Jahren 1993 und 1994 weltweite Seminare über die Zukunft der Urheberrechte und der Leistungsschutzrechte unter Berücksichtigung der digitalen Technologie und versuchte, Materialien für zukünftige urheberrechtliche Lösungen im Sinne eines verbesserten Zugangs zu neuen Informationsmedien zu diskutieren. Hierbei geht es vor allem darum, den Wunsch der Produzenten nach verbesserter rechtlicher Absicherung ihrer Investitionen durch „new instruments", d.h. die Gewährung neuer industrieller Schutzrechte zu prüfen und zu untersuchen, ob die internationalen Urheberrechtskonventionen ergänzungsbedürftig sind.

4. Konsequenzen für Museen und Sammlungen

4.1 Erweiterung der Nutzungsmöglichkeiten

Die geschilderte Entwicklung hat verschiedene Konsequenzen für die zukünftige Arbeit von Museen:

Einerseits wird die Erfüllung der traditionellen Vermittlungsaufgaben durch die neuen Techniken vor neue Dimensionen gestellt; zum anderen eröffnet die Teilnahme an nationalen und internationalen Netzwerken die Möglichkeit, Museumsbestände in verbesserter Form weltweit Interessenten zur Verfügung zu stellen. Off-line-Nutzungen werden durch Datenträger ermöglicht, hierin eingeschlossen auch kommerzielle Vermarktungsmöglichkeiten, die bisher nicht denkbar waren.

Konkret gehört hierzu die Vermittlung der Inhalte eigener Museumsdatenbanken an Besucher der Sammlungen, etwa durch Sichtbarmachung von Sammlungsgegenständen in Besucherinformationssystemen, oder die Herstellung eigener Reproduktionen bzw. Vervielfältigungsstücke in Form von Datenträgern wie etwa CD-ROMs. Bestimmte Sammlungskomplexe können durch eigene Bildschirmstationen erschlossen und mit anderen Sammlungsbereichen verbunden werden.

Erleichtert wird darüber hinaus die wissenschaftliche Kommunikation mit den Datenbanken anderer Museen oder Institute, mit denen wissenschaftliche Zusammenarbeit besteht. Die Erschließung der eigenen Sammlung zu wissenschaftlichen Zwecken – aber auch die Verbindung von in verschiedenen Museen an verschiedenen Orten verstreuten Sammlungsteilen im kulturgeschichtlichen Zusammenhang – wird möglich.

Große Bedeutung hat die Organisation und Öffnung von Museumsdatenbanken auch für kommerzielle Nutzer wie Verlage, Werbeagenturen, Multimedia-Produzenten sowie öffentlich-rechtliche und private Sendeunternehmen und Netzwerkbetreiber, die erleichterten Zugang zu der für die Erfüllung ihrer Zwecke wichtigen „Software", den Sammlungsinhalten, erlangen. Entsprechendes gilt für die Öffnung der Datenbanken für neuartige kommerzielle Übermittlungssysteme wie Video-on-demand-Dienste oder für den Abruf von gespeicherten Inhalten – Bildern, Filmen, Musikstücken, Texten – zum privaten oder eigenen wirtschaftlichen Gebrauch. Belegt wird die starke Nachfrage durch Zahlen aus der EU-Studie zum Urheberrecht in der Informationsgesellschaft vom Juli 1995. An der Spitze der im Jahr 1994 herausgegebenen CD-ROM-Titel stand mit 1.043 (19%) der Bereich „Kultur allgemein/Unterhaltung", gefolgt von „Kunst/Altertumswissenschaft" mit 742 Titeln (13,2%). Das Wachstum beider Bereiche von 1993 auf 1994 lag bei 73,8 bzw. 61,9%.

Die Nutzung für Zwecke, die unmittelbar der Gewinnerzielung von Unternehmen dienen – eventuell eingeschränkt bei Lehrmittelherstellern oder öffentlich-rechtlichen Sendeunternehmen – berührt den sensiblen Grenzbereich von Datenbankverwaltung und Urheberrechtsnutzung; hier erwarten sowohl die Sammlungsträger als auch die Inhaber der Urheberrechte und verwandten Schutzrechte Gewinn- oder Ertragsbeteiligung. In nicht seltenen Fällen verlangen Rechtsinhaber darüber hinaus kategorische Verbote der jeweiligen Nutzung bzw. genaue Kenntnis der Vorgänge als Bedingung ihrer Zustimmung.

Im Bereich dieser kommerziellen Nutzung ist darüber hinaus die Bearbeitung, d.h. die Veränderung der Werke, oft nicht nur unvermeidlich, sondern häufig Nutzungszweck, insbesondere bei interaktiven Datenträgern, die ausdrücklich zur Bearbeitung oder Manipulation von Bildern, Filmen, Texten und anderen Werken einladen. Diese Nutzung der elektronischen Datenbanken stellt Anforderungen an die Klärung der rechtlichen und verwaltungstechnischen Voraussetzungen, denen man mit den bisher üblichen Verfahrensweisen in den Museen nicht mehr gerecht werden kann. Mit den rechtlichen Gegebenheiten dieser neuen Nutzungen beschäftigt sich der dritte Teil.

Im einzelnen sind folgende, neben die traditionelle Nutzung von Museumssammlungen tretende Verwertungen von Sammlungsbeständen, die in Datenbanken aufgenommen wurden, denkbar:

- Einbeziehung bestimmter, im Museum erarbeiteter und in Datenbanken gespeicherter Texte in andere Druckwerke oder Datenträger wie CD-ROMs bzw. CD-Is, z.B als Touristenführer zur Benutzung in tragbaren CD-Abspielgeräten;
- Sichtbarmachung von Datenbankinhalten auf kommerziell oder privat genutzten Bildschirmen, soweit diese über Datennetze mit den jeweiligen Datenbanken verbunden sind;
- Öffentliche Vorführung von auf einzelne Träger gespeicherten Datenbankinhalten auf Großbildschirmen, z.B. in Bildungsveranstaltungen oder zum kommerziellen Gebrauch;
- Abspeicherung der Datenbankinhalte auf Datenträger im Besitz der Nutzer („downloading“) und Verarbeitung;
- Übernahme von Datenbankinhalten und Weiterverbreitung auf eine begrenzte Zahl weiterer Terminals in lokal limitierten Netzwerken, z.B. in Universitäten;
- Anfertigung von Ausdrucken der über Datenleitung übertragenen Datenbankinhalte für private und gewerbliche Zwecke;
- Bearbeitung bzw. Manipulation von Datenbankinhalten, z.B. zu Bildungszwecken oder zum Einsatz dieser Inhalte im kommerziellen Bereich, z.B. zur Werbung;
- Adaptierung der gespeicherten Werke zur Schaffung bearbeiteter Werke, z.B. durch Übersetzung o.ä. oder „Freie Benutzung“ zur Schaffung neuer Werke.

4.2 Anwendungsmodelle neuer Techniken

Im internationalen und nationalen Bereich sind, teils aus eigenem Antrieb der Museen, teils im Rahmen staatlicher oder von der EU finanzierter Anschub- und Entwicklungsprogramme bereits zahlreiche Modellversuche zur Entwicklung und Erschliessung von Museumsdatenbanken durchgeführt worden, die in Einzelfällen schon zu etablierten Nutzeranwendungen geführt haben.

Derartige Programme erfassen auch Einrichtungen, die in ähnlicher Weise wie Museumsdatenbanken arbeiten, z.B. private Bildarchive und Bilddatenbanken im Agenturbereich.

Eines der ersten vernetzten Systeme war das Projekt „Medialog", das im Jahr 1991 vom Canadian Work Place Automation Research Center (CWARC) vorgestellt wurde. Ziel des Medialog-Projekts, das von der Regierung von Quebec unterstützt wurde, war, einer großen Zahl von Interessenten den Zugang vorzugsweise zu Kulturprodukten (Texten, Videos, Tonträgern und stehenden Bildern) unter Nutzung eines Netzwerks von Computerterminals („work stations") zu ermöglichen. Der potentielle Nutzerkreis sollte aus Studenten, Lehrern und Forschern bestehen, die speziell im Kulturbereich tätig, jedoch nicht imstande waren, die für ihre Arbeit wichtigen Datenbanken oder Museen sämtlich persönlich aufzusuchen. Zur Ausstattung des Prototyps wurden im Anfangsstadium 2.000 Sammlungsgegenstände des Montréal Museum of Fine Art und der Cinémathèque Québecoise digitalisiert und eingespeichert.

Der Arbeitsplatz im System Medialog besteht aus einem PC mit zwei hochauflösenden Farbbildschirmen, einem CD-ROM-Lesegerät, einem Laserprinter, Stereokopfhörern, einem Videorecorder und einem Kassettenrecorder sowie einem Lesegerät für Benutzerkarten. Mit dem System wurde gleichzeitig versucht, ein Abrechnungssystem über smart cards (kreditkartenähnliche Abrechnungsmittel) zu erproben, die sowohl den Zugang ermöglichen als auch Nutzungen abbuchen sollen. Benutzer des Systems können sich aus einem speziellen Datenspeicher Informationen zu Forschungsgegenständen zusammenstellen, die von unterschiedlichsten Datenträgern in digitale Datenbanken übersetzt, on-line zur Verfügung standen. Intelligente Programme helfen dabei dem Nutzer, sich in der Datenflut zurechtzufinden und tiefer in seine Materie einzudringen.

Beabsichtigt ist, das Projekt zu einem späteren Zeitpunkt von Subventionen unabhängig zu machen und zu diesem Zweck in den kommerziellen Bereich zu überführen. In Kooperation mit kommerziellen Netzwerkbetreibern soll es für den wirtschaftlichen Gebrauch geöffnet werden. Gedacht ist vor allem an eine Zusammenarbeit mit Verlagen, Multimediaproduzenten und Programmentwicklern.

Im Jahre 1992 wurde in New York die private Datenbank „Artnet Worldwide" gegründet, deren Hauptaufgabe zunächst darin gesehen wurde, weltweit Ergebnisse von Kunstauktionen auszuwerten und Werk- sowie Preisangaben zu speichern. Die Informationen werden, versehen mit digitalisierten Reproduktionen der veräußerten Werke, soweit diese in Auktionskatalogen enthalten sind, Nutzern weltweit on-line zur Verfügung gestellt. Im Jahr 1994 wurde eine CD-ROM-Version für solche Nutzer angeboten, die auf eine on-line-Verbindung verzichten wollten. Nach Angaben der Firma wurden bis zum Jahr 1995 1,3 Mio. Kunstwerke von 130.000 Künstlern eingespeichert, davon fast die Hälfte als farbige Reproduktionen. Die Datenbank eröffnet eine unerschöpfliche Fundgrube für den Kunstmarkt, private Käufer und Kunstmuseen, die vor dem Erwerb von Sammlungsgegenständen stehen und deren Provenienz verfolgen wollen.

Die National Gallery London betreibt in Form der „Microgallery" ein computerisiertes Informationssystem, das Hintergrundinformationen zu den Malereibeständen des Museums gibt.

In einer digitalisierten Datenbank werden nicht nur nahezu sämtliche in der Galerie ausgestellten Kunstwerke gespeichert; über entsprechende Anwenderprogramme werden den Besuchern zur Vorbereitung oder Vertiefung des Ausstellungsrundgangs biografische Daten der Künstler, Sammlungsschwerpunkte, Motivgruppen und komplette Rundgänge nach individuellem Interesse auf Bildschirmen angeboten. Die ergänzenden Informationen zu kunstgeschichtlichen und politischen Hintergründen sowie Übersichtsprogramme erlauben dem Nutzer intensives Blättern in einem virtuellen „Ausstellungskatalog".

Eine Reihe von Gemälden kann nebst den dazu gehörigen Texten in beliebiger Zusammenstellung gegen Entrichtung einer Reproduktionsgebühr als Reproduktion auf Papier – derzeit allerdings nur in beschränkter Schwarz-Weiß-Qualität ausgedruckt – und dem Besucher ausgehändigt werden. Das System der Microgallery hat in Varianten in einer Reihe weiterer Museen im In- und Ausland inzwischen Anwendung gefunden.

Unter dem Stichwort „Europäisches Museumsnetz" wurde im Jahr 1989 ein Museumsdatenbanksystem ausgehend von Deutschland etabliert, das Verbindungen zu Museen in Dänemark, Frankreich, Portugal und Spanien aufbauen sollte. Es wurde wesentlich vom Fraunhofer Institut für Systemtechnik und Innovationsforschung in Karlsruhe unterstützt. Zielsetzung war, den Besuchern in jedem der acht beteiligten Museen in fünf europäischen Ländern Zugang zu ergänzenden Informationen aus den anderen Häusern zu den jeweils in der lokalen Sammlung vorgefundenen Stücken zu verschaffen und ihnen auf diese Weise eine umfassende Information zu bieten.

Wie es scheint, hat das Projekt zwar eine Reihe von Einblicken in die Notwendigkeiten derartiger Systementwicklungen gewährt, jedoch nicht zu einer Daueranwendung geführt, möglicherweise weil der technische Entwicklungsstand im Hinblick auf Programme und Datenspeicher bei der Inbetriebnahme des Systems, verglichen mit heutigen Standards, noch nicht allen Anforderungen genügte.

Kleinere Projekte mit meist regionaler Ausstrahlung werden derzeit an verschiedenen Standorten entwickelt. Allerdings hat die aus dem Kulturföderalismus resultierende dezentralisierte Infrastruktur der Museumsverwaltung in Deutschland sowie die von Ort zu Ort wegen der Beteiligung privater Kooperationspartner unterschiedlich entwickelte Interessenlage eine breite Diskussion der technischen und auch der inhaltlichen Fragestellungen, die mit derartigen Entwicklungen verbunden sind, bisher kaum ermöglicht.

Im Gegensatz dazu werden in Frankreich verschiedene Datenbanken und Netzwerke auf nationaler Ebene unter Führung großer Museen aufgebaut; hierzu gehört das Projekt „Videomuseum", eine Kunstdatenbank, die Bestände der öffentlichen Sammlungen der Kunst des 20. Jahrhunderts in Frankreich enthalten soll und hierzu Bestände öffentlicher Sammlungen auf nationaler, regionaler und städtischer Ebene und Privatsammlungen zusammenfaßt. Der Datenbankinhalt wird derzeit auf Bildplatten vervielfältigt, die regelmäßig aktualisiert werden. Bereits jetzt werden die Bildplatten über Auslandskulturinstitute zubereitet; in Deutschland seit November 1994 im französischen Kulturinstitut in Köln. Ziel des Projekts ist eine gemeinsame Datenbank der großen französischen Museen, in die sämtliche Neuzugänge laufend aufgenommen werden, während die vorhandenen Bestände nach und nach eingearbeitet werden sollen.

Die Direktion der „Musées de France", vertreten durch das Laboratoire des Recherches des Musées de France, ist darüber hinaus verantwortlich für die Entwicklung des auf europäischer Ebene plazierten Systems NARCISSE (Network of Art Research Computer Image SystemS in Europe), das die Bestände fünf großer europäischer Institutionen in einer digitalisierten Datenbank zusammenfassen soll, die auf CD-ROMs in mehreren Sprachen verbreitet werden sollen.

Neben den geschilderten nationalen Projekten haben verschiedene Generaldirektionen der EU Modellprojekte eingeleitet, deren Ziel vor allem in der anwendungsorientierten Vernetzung von Datenbanken einzelner Museen untereinander sowie in ihrer Verbindung mit übergreifenden Netzen liegt:

Unter der Bezeichnung MARC Esprit III (Methodology for Arts Reproduction in Colour) soll ein integriertes System für die digitale Speicherung, Aufbewahrung und Verwertung von Kunstwerken für Druckzwecke in hochauflösender Qualität geschaffen werden. Das Projekt richtet sich vor allem an Verlage und Hersteller von Printobjekten.

Unter dem Stichwort RAMA (Remote Access to Museum Archives) sollen die Sammlungen archäologischer Museen in Athen, Den Haag, Madrid, Berlin, Paris und Oxford mit Mitteln der Digitaltechnik und der Telekommunikation verbunden und zum gegenseitigen Nutzen zugänglich gemacht werden. Derzeit wird, unter dem Stichwort IMIN, eine gemeinsame Verwaltungsstruktur erarbeitet, die auch Nutzungen durch Dritte reglementieren soll. Das RAMA-System soll später auch auf andere Museen ausgeweitet werden und auch kommerziellen Funktionen dienen, wie z.B. dem Verkauf von Artikeln aus Museums-Shops.

Speziell aus der Interessenlage von Verlegern wurde das Projekt „CITED“ (Copyright In Transmitted Electronic Documents) unter Beteiligung verschiedener Privatfirmen sowie unter anderem der British Library und der Oxford University Press etabliert, dessen Ziel es ist, an bestimmten Knotenpunkten der Netzwerke die Distribution zu kontrollieren und zu steuern sowie Rechtsverletzungen bzw. Piraterie zu unterbinden.

Der Entwicklung eines Netzwerks von Bibliotheken dienen die englischen Projekte „JANET“ (Joint Academic Network) und „SUPERJANET“. JANET stellt neben einer Datenbank und einer Netzwerkverbindung zwischen englischen Bibliotheken auch eine Verbindung zum Internet her. Einer der ersten Nutzungszwecke von JANET ist, daß es als on-line-Katalog für mehr als 70 englische Universitätsbibliotheken dient; weiterhin dient es der Fernleihe zwischen den Bibliotheken durch Datenübertragung. Mit massiver Unterstützung der britischen Regierung wird seit 1992 das Programm SUPERJANET etabliert, das die erste Version ersetzen soll. Als Kapazitätsmerkmal wird angeführt, daß unter Verwendung dieses Netzwerkes die gesamte Encyclopedia Britannica innerhalb einer Sekunde im Netz übermittelt werden kann.

Es zielt auf die Vernetzung aller Bildungseinrichtungen in Großbritannien mit Bibliotheken auf der Basis eines Glasfasernetzes hin.

Neben die vorstehend beschriebenen, großenteils in öffentlicher Trägerschaft oder mit starker Unterstützung öffentlicher Institutionen entwickelten Netzwerke, deren Erfolg nicht abzuschätzen ist, treten wirtschaftlich betriebene Netzwerke kommerzieller Datenanbieter wie z.B. CD-ROM-Datenbanken von Bildagenturen auf nationaler und internationaler Ebene; Ziel ist, die bisher durch ein einheitliches Katalogsystem nicht erschlossenen Bildinformationen der privaten Bildarchive nutzerfreundlich zu verbinden.

Das Problem einer derartigen Vernetzung im privatwirtschaftlichen Bereich liegt darin, daß Kooperationen immer unter Konkurrenzgesichtspunkten beurteilt werden. Einzelne Beteiligte fürchten, ihre Kunden über zentrale Suchsysteme an größere Anbieter mit ähnlicher Spezialisierung zu verlieren. In der Tat können derartige Vernetzungen zur Monopolbildung führen und den freien Wettbewerb behindern. Der gleiche Effekt tritt allerdings auch ein, wenn einzelne große Bilddatenbanken ihr Angebot isoliert über Netzwerke verbreiten und auf diese Weise ihr eigenes Material Nutzern im on-line-Zugriff anbieten, denen ein entsprechender Service von kleineren Anbietern nicht geboten werden kann.

5. Zusammenfassung

Die Entwicklung neuer Technologien, ihre Forcierung durch Regierungen und Wirtschaftsblöcke und ihre schrittweise Anwendung in der Praxis im Rahmen von Experimenten im kleinen und von Modellvorhaben im größeren, meist europäischen oder amerikanischen Rahmen erfolgt bisher weitgehend unter Außerachtlassung der rechtlichen Gegebenheiten, insbesondere im Bereich der Urheber- und verwandten Schutzrechte. Ohne Beachtung dieser Rechte, die nicht nur dem Schutz der schöpferischen Persönlichkeit dienen, sondern darüber hinaus auch wirtschaftliche Interessen wahren, darunter die z.T. erheblichen Investitionen der Kulturindustrie, ist jedoch eine ausgewogene Entwicklung der Informationsgesellschaft nicht möglich.

Bevor im III. Teil im Detail die Möglichkeiten untersucht werden, die die neuen Technologien für Arbeit und wirtschaftliche Verwaltung von Museen und Sammlungen bieten, soll im folgenden die urheberrechtliche Situation dargelegt werden. Hierbei wird sich zeigen, daß die herkömmlichen „Instrumente" und Institute des Urheber- und Leistungsschutzrechts weitgehend den Anforderungen der Medientechnologie gewachsen sind. Entwicklungen finden vor allem dort statt, wo es um die internationale Verzahnung verschiedener Rechtssysteme und die daraus folgenden Konsequenzen geht. Hier entstehen sowohl für die Praxis der konventionellen Nutzung von Rechten durch Museen als auch für die Nutzung von Rechten, die von Museen und Künstlern oder anderen Urhebern faktisch nur gemeinsam verwaltet werden können, duch kommerziell tätige Dritte die größten Schwierigkeiten; sie sind allerdings sämtlich – wie gezeigt werden soll – keineswegs unüberwindlich.

II. Teil
Urheber- und Leistungsschutzrechte

1. Einleitung

Nach § 1 des Urheberrechtsgesetzes genießen „die Urheber von Werken der Literatur, Wissenschaft und Kunst für ihre Werke Schutz nach Maßgabe dieses Gesetzes“. Im Mittelpunkt des gesetzlichen Schutzes stehen also die Urheberinnen und Urheber als Werkschöpfer in unlösbarer Verbindung zu ihren Werken. Das Urheberrecht als Ganzes ist deshalb nicht von der Persönlichkeit der Schöpfer lösbar und übertragbar; nur einzelne und im Gesetz definierte, wirtschaftliche „Nutzungsrechte“ können Gegenstand des geschäftlichen Verkehrs mit der „Ware“ Urheberrecht sein.

Zu trennen sind stets das Eigentum am Werk einerseits und die Rechte des Urhebers andererseits; der Erwerber eines Werkstücks erwirbt nicht automatisch die dazugehörenden Nutzungsrechte.

Wann ein urheberrechtlich geschütztes Werk vorliegt, definiert das Gesetz nicht; erforderliche Voraussetzung ist jedoch in der Sprache der Juristen stets eine „persönliche geistige Schöpfung“. Hiervon kann nur gesprochen werden, wenn als Ergebnis eines schöpferischen gedanklichen Prozesses einer lebenden Person ein gegenständlich definierbares Werk, z.B. ein Gemälde, eine Komposition, ein Film oder ein Text, entstanden ist, das sich durch die Neuartigkeit und Originalität seiner Gestaltung von anderen Werken unterscheidet.

Im Unterschied zur Idee, die vom gesetzlichen Schutz solange nicht umfaßt wird, wie sie nur im Kopf eines Menschen existiert bzw. ausschließlich im Gespräch, also ohne gestalterische Fixierung kursiert, ist Existenzvoraussetzung für ein Werk seine formale Festlegung in Wort, Schrift, Zeichnung, Notenschrift oder sonstiger Gestalt. Auch Computerprogramme, selbst wenn sie nur mittels elektronischer Hilfsmittel erkennbar und anwendbar werden, können deshalb bei ausreichender „Gestaltungshöhe“, also kreativer Originalität des Entwicklers, Werke sein. Umgekehrt verlieren Texte oder Bilder ihren Werkcharakter nicht dadurch, daß sie lediglich in digitaler Form auf einer Diskette existieren, deren Inhalt nur mit Hilfe eines PCs sichtbar gemacht werden kann.

Die deutsche Rechtsprechung hat in der Definition der Schöpfungshöhe hohe Maßstäbe gesetzt, die in ihrem Ziel, die Grenze des urheberrechtlichen Schutzes zu definieren, in einigen Bereichen in Konflikt zu wirtschaftlichen Erfordernissen geraten sind. Insbesondere im europäischen Kontext hat dies zur Folge gehabt, daß die Voraussetzungen für den Schutz von Computerprogrammen und Lichtbildwerken (künstlerischen Fotografien) in Deutschland ursprünglich höher waren als im benachbarten Ausland. Die EU-Richtlinien zur Harmonisierung der Gesetze zum Schutz von Computerprogrammen und Lichtbildwerken haben hier für eine Absenkung der Kriterien und zur Berücksichtigung einer mehr wirtschaftlich-pragmatischen Betrachtungsweise geführt, die qualitative und ästhetische Kriterien bei der Bewertung ausdrücklich ausschließt und lediglich auf Individualität und eigene geistige Schöpfung (Originalität) abstellt.

Die Definition der Grenze zwischen geschütztem Werk einerseits und Produkten, die die vom Gesetzgeber und der interpretierenden Rechtsprechung für den urheberrechtlichen Schutz geforderte schöpferische Individualität nicht verkörpern, bildet insbesondere in der Abgrenzung zwischen Design und bildender Kunst eine ständige Quelle von rechtlichen Auseinandersetzungen; hierauf wird im folgenden genauer eingegangen.

Gestaltete Produkte oder Bezeichnungen, etwa Gegenstände, Schriften oder Produktnamen, die nicht vom Urheberrechtsgesetz als Werke geschützt werden, können als Gebrauchs- oder Geschmacksmuster bzw. als Marken in eingeschränktem Umfang und auf Antrag bzw. nach Anmeldung geschützt werden.

Neben Werken schützt das Urheberrechtsgesetz auch Leistungen von interpretierenden Künstlern, etwa Orchestermusikern und Schauspielern, die ihrerseits schöpferisch die von anderen geschaffenen Werke aufführen oder der Öffentlichkeit vermitteln; die ihnen zuwachsenden Rechte werden im Gegensatz zu den Urheberrechten als „Leistungsschutzrechte" bezeichnet. Inhaber von Leistungsschutzrechten können auch Personen sein, die die nötige wirtschaftliche und organisatorische Kapazität zur Festlegung und Verbreitung von Leistungen zur Verfügung stellen, etwa Schallplatten- oder Filmproduzenten; Inhaber von Leistungsschutzrechten können neben Einzelpersonen auch Firmen sein.

Urheber- und Leistungsschutzrechte können von Fall zu Fall im Nutzungszusammenhang gleichzeitig entstehen bzw. genutzt werden: Bei der Herstellung einer Schallplatte wird das Urheberrecht des Komponisten genutzt, die Musiker und der Produzent erwerben Leistungsschutzrechte; der Schallplattenhändler oder der Vermieter bespielter CDs nutzt die Verbreitungs- bwz. Vermietrechte aller Beteiligten. Ebenso werden beim Abdruck der Reproduktion eines Kunstwerks die Urheberrechte des Künstlers ebenso wie die Urheber- bzw. je nach Qualität des Fotos die Leistungsschutzrechte des Fotografen durch Vervielfältigung und Verbreitung genutzt.

Das Urheberrecht ist nicht nur in Deutschland im Gesetz über Urheberrechte und verwandte Schutzrechte vom 9. September 1965 geschützt; sein Schutz ist Gegenstand mehrerer internationaler Konventionen, was dazu geführt hat, daß vergleichbare Regelungen mit vergleichsweise geringen Abweichungen in vielen Kulturstaaten der Erde gelten. Die Entwicklung und wachsende Bedeutung der Kulturindustrie bringt fortgesetzte Wünsche zu Veränderungen und Anpassungen mit sich, die zunehmend grenzüberschreitend ausgestaltet werden; welche Interessengegensätze dabei auftreten, haben z.B. die Auseinandersetzungen um die Reformierung des „GATT"-Welthandelsabkommens in den Jahren 1992 bis 1994 gezeigt, in denen vor allem die amerikanische Medienindustrie versuchte, ihre Vorrangstellung durch Öffnung ausländischer Märkte zu sichern. Auch der „Handelskrieg" zwischen den USA und China im Jahr 1995, in dem es vor allem um die Unterbindung der Verbreitung illegal hergestellter Kopien von Kinofilmen ging, verdeutlicht die Bedeutung der Einhaltung der Urheberrechte im internationalen Kontext, um Wettbewerbsverzerrungen und wirtschaftliche Verluste der Kulturindustrien zu vermeiden. In Europa ist das Urheberrecht Regelungsgegenstand der Europäischen Union, die mit seiner Harmonisierung Wettbewerbsverzerrungen im europäischen Binnenmarkt beseitigen und die europäische Kulturindustrie weltweit stärken will.

Weltweiter Konsens ist, daß das Urheberrecht ohne Erfüllung weiterer Formalitäten mit Werkschöpfung entsteht und erst 50 bzw. 70 Jahre nach dem Tod des Urhebers erlischt. Die kürzere Schutzfrist gilt in den Mitgliedsstaaten der weltumspannenden „Revidierten Berner Übereinkunft", die die Grundlage der Urheberrechtsgesetze in über 120 Staaten der Erde ist, während die längere Schutzfrist seit 1995 vor allem in den Staaten der Europäischen Union gilt. Kürze Schutzfristen gelten für Leistungsschutzrechte und den Schutz einfacher Lichtbilder sowie in einigen Ausnahmefällen.

Grundprinzip des internationalen Urheberrechts ist die „Inländerbehandlung", d.h. die weitgehende Gleichbehandlung von Ausländern und Inländern im jeweiligen Nutzungsland. Im Bereich der Europäischen Union ergibt sie sich zwingend aus dem Diskriminierungsverbot der Römischen Verträge.

Die Verwaltung des Urheberrechts durch Verwertungsgesellschaften ist in Deutschland Gegenstand eines besonderen Gesetzes, nämlich des Gesetzes über die Wahrnehmung von Urheberrechten und verwandten Schutzrechten vom 9. September 1965.

2. Geschützte Werke und Leistungen

Das Urheberrechtsgesetz kennt keinen starren Werkbegriff; es führt jedoch in § 2 bestimmte Kategorien geschützter Werke auf, die den gegenwärtig vorherrschenden Kunstbereichen entsprechen. Dies schließt jedoch nicht aus, daß durch technische Entwicklungen ermöglichte neue Werkformen ebenfalls unter den Schutz des Gesetzes fallen. Die Aufzählung des Gesetzes ist insofern nicht abschließend. Denkbar ist also, daß weitere persönliche geistige Schöpfungen, die dem einleitend allgemein dargestellten Werkbegriff entsprechen, unter den Schutz des Urheberrechtsgesetzes fallen, selbst wenn sie in den Ziffern 1-7 des § 2 UrhG nicht ausdrücklich erwähnt wurden.

Nachstehend sollen die wichtigsten Werkkategorien insbesondere im Hinblick auf die Nutzung durch Museen, Archive und Datenbanken erläutert werden.

2.1 Texte (§ 2 Ziff. 1)

Texte, oder, in der Sprache des Gesetzes, „Sprachwerke" sind persönlich geistige Schöpfungen, die unter Einsatz von Sprachmitteln geschaffen wurden. Auch kurze Texte sind geschützt, sofern sie als individuelle Gedankenäußerungen zu verstehen sind. Im Bereich der Museumssammlungen zählen hierzu neben Werkerläuterungen und Katalogtexten auch vielfältige Äußerungen bildender Künstler, deren Werke unter Verwendung der Sprache geschaffen oder in Verbindung mit Sprache entstanden sind. Hierzu gehört z.B. die „Ursonate" von Kurt Schwitters oder Anagramme von bildenden Künstlern. Zu Sprachwerken zählen auch Interviews, sofern die geschützten Bestandteile nicht nur kurze und prägnante Antworten auf Fragen enthalten, sondern Gedankenäußerungen des Interviewten bzw. des Interviewers wiedergeben. Nicht als Sprachwerke zu bezeichnen sind in der Regel Werktitel, die keine ausgeprägte Aussage enthalten.

Zu den Sprachwerken zählen auch Computerprogramme (siehe unten).

2.2 Musik (§ 2 Ziff. 2)

Zu Werken der Musik zählen kompositorische Schöpfungen aller Art, unabhängig von der Wahl der eingesetzten Instrumente bzw. der Verwendung einer bestimmten Notenschrift. Musikwerke können also unter Einsatz aller denkbaren technischen Mittel entstehen, sofern der schöpferische Ausdruck des Komponisten nachweisbar festgelegt ist. Insofern ist der ganze Bereich der „Neuen Musik" ohne Einschränkung schutzfähig. Eine schriftliche Festlegung der Komposition ist nicht erforderlich.

Zweifel am Entstehen eines Werkes können allenfalls dort bestehen, wo der Komponist die Erzeugung der akustischen Bestandteile seiner Komposition ausschließlich dem Publikum überläßt: hier kann streitig sein, ob tatsächlich eine schöpferische Leistung vorliegt, die den Schutz des Gesetzes auslöst. In diesen Fällen ist der urheberrechtlich relevante Beitrag am ehesten in der Auswahl der technischen Mittel oder Gegenstände zu sehen, die im Konzept der Künstler das Werk oder das Ergebnis des Schöpfungsprozesses definieren.

Noten sind geschützt, weil sie die Gedankenäußerungen des Komponisten verkörpern. Einen eigenständigen Rechtsschutz als Werke der bildenden Kunst bzw. sonstige Darstellungen können sie nur gewinnen, wenn sie nicht nur unter Verwendung der eingeführten Notenschrift niedergelegt wurden, sondern in ihrer gestalteten Festlegung eigenschöpferischen Charakter haben.

2.3 Pantomime und Tanz (§ 2 Ziff. 3)

Pantomimische Werke und Werke der Tanzkunst genießen bei ausreichender Schöpfungshöhe gesetzlichen Schutz; in Zusammenhang mit Archiven und Sammlungen erstreckt sich dieser Schutz auch auf die in Schriftform oder auf andere Weise niedergelegte Choreographie und insbesondere auf die Aufzeichnungen derartiger Werke auf audiovisuellem oder elektronischem Material, wobei zu beachten ist, daß die Mitwirkenden der Aufzeichnung u.U. als ausübende Künstler eigenständigen Rechtsschutz genießen können (s. 3.).

2.4 Bildende Kunst (§ 2 Ziff. 4)

Zu den Werken der bildenden Kunst im klassischen Sinne gehören Werke der Malerei, der künstlerischen Grafik und der Bildhauerei. Insbesondere die moderne Kunst hat unzählige Spielarten und Ausdrucksformen entwickelt, deren Qualifikation als Kunstwerk nicht nur durch juristische Definition und Rechtsprechung festgelegt wurde, sondern sich im wesentlichen aus der Bewertung durch die damit beschäftigte Fachwissenschaft ergibt, wobei die Entwicklung durch eine starke Ausdehnung des Kunstbegriffes gekennzeichnet wird, der in klassischer Weise von Joseph Beuys als „erweiterter Kunstbegriff" definiert worden ist: „Kunst ist Leben".

Dennoch setzt das Urheberrecht – wie bereits bei den Werken der Musik beschrieben – Grenzen dort, wo das Kunstwerk sich lediglich in der Idee des Künstlers manifestiert, ohne daß eigene erkennbar oder niedergelegte schöpferische Gestaltung festzustellen ist. In der juristischen Fachwissenschaft wird deshalb dem bekannten, von Marcel Duchamps zum Kunstwerk erklärten Flaschentrockner oder ähnlichen, unter der Bezeichnung „Ready-Made" zum Kunstwerk erklärten Gebrauchsgegenständen der urheberrechtliche Werkcharakter bestritten; teilweise geht man sogar soweit, dem „Schwarzen Quadrat“ von Malewitsch oder der ausradierten Zeichnung de Koonings, von Rauschenberg zum Kunstwerk erklärt, den Werkcharakter abzusprechen. Gegenstand der Rechtsprechung ist diese extreme Position bisher jedoch nicht geworden. Das Gegenargument ist auch hier, daß in der Auswahl eines Gegenstandes und seiner Definition als Kunstwerk durch den Künstler der urheberrechtlich relevante Vorgang liegt, der zum Werk führt.

Der Bundesgerichtshof (BGH) mußte sich jedoch mit der ausgerechnet von einer Kunsthochschule aufgeworfenen Frage beschäftigen, ob Happenings Werke der bildenden Kunst sein können; dies ist jedenfalls dann anzunehmen, wenn der Künstler das tatsächlich realisierte Happening durch Aufführungs- bzw. Handlungsanweisungen steuert und das Ergebnis seiner ursprünglichen Idee im wesentlichen entspricht. Der BGH hat im übrigen in seiner Beurteilung offen gelassen, ob ein Happening nicht gleichzeitig auch ein Werk der Tanzkunst – s. oben – sein kann.

Besondere Probleme hinsichtlich der urheberrechtlichen Zuordnung von Werken der bildenden Kunst stellen sich bei Produkten der sog. „Appropriation Art“, deren Charakteristikum darin liegt, daß die Künstler bereits existierende Werke anderer Kollegen, großenteils urheberrechtlich noch geschützt, exakt nachgestalten. Zu nennen sind hier etwa Elaine Sturtevant und Mike Bidlo. Die gesetzeskonforme Beurteilung führt zu dem Ergebnis, daß es sich in diesem Fall um Reproduktionen von Werken handelt, die andere Künstler geschaffen haben; eine persönliche geistige Schöpfung im Sinne des Gesetzes liegt in Bezug auf die Appropriationists, also die aneignenden Künstler, nicht vor, auch nicht, wenn die Nachschöpfung mit Einverständnis des ursprünglichen Urhebers erfolgt ist. Es stellt sich stets die Frage, ob es sich bei dieser Nachschöpfung um eine im Sinne des Gesetzes persönliche geistige Schöpfung oder nur um eine unfreie Bearbeitung handelt, die keinen eigenständigen Schutz verdient. Im letzteren Fall kann sogar eine Verletzung der Rechte des Originalurhebers vorliegen.

In diesem Bereich führen kunstwissenschaftliche und juristische Beurteilung des Sachverhalts zu entgegengesetzten Ergebnissen; es kann allerdings kein Zweifel daran bestehen, daß im Falle einer juristischen Auseinandersetzung der urheberrechtliche Standpunkt den Vorrang erhalten würde.

Auch Signaturen können Kunstwerke sein, wenn sie ihrerseits hinreichend künstlerisch ausgeformt sind. Nicht auf jede Signatur trifft die Definition von Joseph Beuys zu: „Wenn ich meinen Namen schreibe, zeichne ich“; unstreitig dürfte es sich allerdings in seinem Fall wegen der besonderen Gestaltung bei der Signatur um ein Kunstwerk handeln. Bedeutung hat die Definition der Signatur als Werk im

Einzelfall für ihre Verwendung zu Reproduktions- oder Werbezwecken gewonnen.

In den Zusammenhang der Beschreibung des Werkbegriffs der bildenden Kunst gehört die Frage nach dem Original; der Begriff des Originals stellt letztlich nichts anderes dar als das im Handel und unjuristischem Umgang mit Kunst übliche Synonym für Werk: denn nur eine persönlich-geistige Schöpfung, also ein Werk, kann auch ein Original sein. Schwierigkeiten vor allem im Handel mit Kunstwerken ergeben sich aus der gesetzlich in Deutschland nicht definierten Qualifikation der multiplizierten Kunst als Original. In der uferlosen Literatur zur Definition des Werk-/Originalbegriffs kann hierzu als pragmatischer Minimalkonsens eine Definition bezeichnet werden, die vertraglich zwischen der Arbeitsgemeinschaft Deutscher Kunsthandelsverbände und der VG Bild-Kunst für Zwecke der Abwicklung des Folgerechts (siehe Ziff. 6.2) festgelegt wurde:

„Werke, die in mehreren Exemplaren hergestellt wurden, gelten insoweit als Originale, als auch das Hilfsmittel der Vervielfältigung (Druckplatten, Gußform usw.) vom Künstler stammt und die Vervielfältigung entweder von ihm selbst oder unter seiner Aufsicht durch Dritte vorgenommen worden ist; bei vom Künstler signierten Exemplaren wird dies unwiderleglich vermutet."

Auch diese Definition wird jedoch nicht allen Fällen gerecht und bedarf der Auslegung insbesondere bei Multiples, die unter Einsatz moderner technischer Mittel – Computer etc. – „als Hilfsmittel der Vervielfältigung" hergestellt werden. Hier ist ein „Original" im Bereich der Grafik immer dann gegeben, wenn der Künstler das Produkt seines Schaffens, gleich mit welchem technischen Medium es vervielfältigt wurde, im Rahmen seines Arbeitskonzepts zum Original erklärt, sofern er den Herstellungsprozeß im weitesten Sinne steuert. So handelt es sich bei den auflagenstarken und nicht limitierten Plakaten Klaus Staecks ebenso um Originale wie bei einer auf sechs Exemplare beschränkten Auflage von Bronzeskulpturen. Das Vorliegen eines Originals muß deshalb letztlich im Einzelfall unter Berücksichtigung der künstlerischen Position und Haltung des Künstlers zur Herstellungsweise des fraglichen Objekts entschieden und unter Auslegung der Willensrichtung des Künstlers beurteilt werden.

Aus all dem wird deutlich, daß Auflagenbeschränkungen jedenfalls keine brauchbaren Hilfsmittel zur Originaldefinition sein können.

Postume Vervielfältigungen können niemals Originale sein: ein verstorbener Künstler kann weder einen Vervielfältigungsprozeß steuern noch begrenzen und kein Ergebnis autorisieren.

2.5 Architektur und angewandte Kunst (§ 2 Ziff. 4)

Zu den Werken der bildenden Kunst im Sinne des Gesetzes zählen Werke der Architektur und der angewandten Kunst, also des schöpferisch gestalteten Kunsthandwerks.

Der Schutz der Architektur – bei Vorliegen der notwendigen Individualität – hat Bedeutung vor allem bei der Umgestaltung von Gebäuden durch die Eigentümer: hier kann das Urheberrecht der Architekten viele Pläne zunichte machen.

Die Unterscheidung zwischen urheberrechtlich geschützten kunsthandwerklichen Gebrauchsgegenständen und vom Gesetz nicht geschützten gestalteten Gegenständen führt insbesondere im Bereich des Möbeldesigns immer wieder zu rechtlichen Auseinandersetzungen. Hierbei zeichnet sich die eindeutige Tendenz der Rechtsprechung ab, sog. „Möbelklassiker“ und entsprechende Gegenstände des hochwertigen Gebrauchsdesigns als Werke zu betrachten und sie in den Schutzbereich des Urhebergesetzes aufzunehmen. In verschiedenen höchstrichterlichen Entscheidungen wurde dies z.B. für Möbel von Le Corbusier, Mies van der Rohe und Eileen Gray festgestellt. In der Regel ist davon auszugehen, daß etwa die Sammlungen des Berliner „Bauhaus-Archivs“ zum überwiegenden Teil „Werke“ enthalten; ähnliches gilt für viele Sammlungsgegenstände von Kunstgewerbemuseen, soweit diese überhaupt noch der gesetzlichen Schutzfrist unterliegen.

Gestaltete Objekte, die nicht dem Urheberrechtsschutz unterfallen, können durch Geschmacksmuster für einen begrenzten Zeitraum geschützt werden (s. 4.5.).

Nicht geschützt sind dagegen Schriftzeichen, sofern sie standardisierten Schriften entnommen sind.

2.6 Filme (§ 2 Ziff. 6)

Im Hinblick auf Sammlungsbestände ist zwischen zwei Kategorien zu unterscheiden: Zur ersten gehören „Filme“ herkömmlicher Art und Fernsehproduktionen, also audiovisuelle Werke, die zur kommerziellen Auswertung durch Vorführung in Kinotheatern, Vertrieb von Kassetten oder zu Verbreitung über Antenne, Satellit und Kabel von gewerblich tätigen Produzenten oder Sendeunternehmen unter Mitwirkung von Urhebern geschaffen werden.

Davon zu unterscheiden sind Künstlerfilme bzw. -videos, die in der Regel von den realisierenden Künstlern entweder komplett in Eigenarbeit oder unter Mitwirkung weiterer Künstler oder Techniker geschaffen werden. Ihre Auswertung erfolgt entweder durch den Verkauf von Einzelkopien in Kassettenform durch den Kunsthandel bzw. Spezialvertriebe oder durch Vorführung in Galerien, Museen und einschlägigen Festivals, ohne daß eine massenhafte wirtschaftliche Auswertung, vergleichbar mit der zuerst genannten Kategorie, festzustellen ist.

Die unterschiedliche Produktionsform der beiden genannten Kategorien, die selbstverständlich zahlreiche Überschneidungen einschließen und angesichts der absehbaren technischen Entwicklung in ihrer Abgrenzung auf Dauer nicht fortbestehen werden, führt zu einem unterschiedlichen Rechtebestand.

2.6.1 Kommerziell ausgewertete Filme

Beim „kommerziell" produzierten Film ist zu unterscheiden zwischen den Rechten der beteiligten Urheber und den Rechten der Produzenten, die wirtschaftlich und organisatorisch die Herstellung des Films tragen.

Urheber der Filme sind nach deutschem Rechtsverständnis Regisseure, Kameraleute und, soweit sie schöpferisch tätig sind, Cutter. Die letzteren Urheber werden in vielen anderen Staaten als „Techniker" bezeichnet, die keine eigenen Urheberrechte erwerben.

Zu den Filmurhebern treten die „Urheber vorbestehender Werke", also etwa Drehbuchautoren, Szenen- und Kostümbildner, deren Werke, rechtstechnisch gesehen, der Verfilmung zugrundeliegen, während die Rechte der Regisseure und Kameraleute erst im Fortgang der Verfilmung entstehen.

Die sonstigen Mitwirkenden, vor allem Schauspieler, sind nicht Urheber, sondern können eigene Leistungsschutzrechte erwerben. Ungeachtet der urheberrechtlichen Einordnung der Mitwirkenden ist Inhaber der wirtschaftlichen Auswertungsrechte an Filmen (Kinovorführungs-, Vermiet-, Sende- und Kaufkassettenrechte) der jeweilige Produzent, dem die Urheber und Inhaber von Leistungsschutzrechten aufgrund gesetzlicher Übertragungsregelungen – §§ 88, 89, 92 UrhG – diese Rechte in weitem Umfang einräumen. Entsprechendes gilt für Sendeanstalten, soweit ihre Produktionen Filmwerke im Sinne des Gesetzes darstellen. Ausnahmen gelten nur für bestimmte Vergütungsansprüche (hierzu s. 7.1.) im Hinblick auf Kabelweitersendung, Leerkassetten- und Vermietvergütung, weil hier in aller Regel die Urheber Rechtsinhaber bleiben und die Ansprüche über Verwertungsgesellschaften wahrnehmen.

Neben den übertragenen Urheberrechten, die zumindest im Hinblick auf die kommerzielle Auswertung auf die Produzenten bzw. Sendeanstalten übertragen worden sind, bestehen eigene Leistungsschutzrechte der Produzenten, die allerdings einer kürzeren Schutzfrist (50 Jahre nach Herstellung) unterliegen als die übertragenen Urheberrechte. In der Praxis führt dies jedoch nur zu geringen Unterschieden, da die Produzenten aufgrund der von den Urhebern übertragenen Urheberrechte über weitreichende Auswertungsmöglichkeiten verfügen, an denen die Urheber je nach Vertragslage wirtschaftlich beteiligt sind.

2.6.2 Künstlerfilme

Bei Künstlerfilmen entfällt in der Regel die beschriebene Position eines Produzenten; Inhaber der Rechte sind üblicherweise die Werkurheber, nämlich die mitwirkenden Künstler selbst und ggf. weitere Urheber wie Kameraleute oder Komponisten der zugrunde liegenden Musik. Die Schwierigkeit des Umgangs mit derartigen Werken liegt häufig darin, daß die genannten Mitwirkenden „Miturheber" sind, also als Gesamtheit über Veröffentlichungen und Verwertungen zu bestimmen haben, was den Rechtserwerb insbesondere bei zeitlich zurückliegenden

Produktionen erschweren kann, wenn keine eindeutigen vertraglichen Vereinbarungen zwischen den Beteiligten abgeschlossen wurden.

2.7 Wissenschaftliche Darstellungen, wie Zeichnungen, Pläne, Karten, Skizzen, Tabellen und plastische Darstellungen (§ 2 Ziff. 7)

Geschützt werden vom Gesetz zwei- bzw. dreidimensionale Abbildungen, die sich dadurch auszeichnen, daß sie selbst Werkcharakter haben. Geschützt ist dabei nur die Darstellung selbst, nicht die zugrunde liegenden technischen Gegenstände, Verfahren, Ideen o.ä. Als wissenschaftliche Darstellungen wurden von der Rechtsprechung auch Baupläne und Bebauungspläne angesehen.

Sofern der abzubildende Gegenstand aufgrund seiner Eigenart nur begrenzten Raum zur zeichnerischen Umsetzung bietet, ist der Werkschutz der Darstellung ebenfalls stark eingeengt.

Der Schutz für die durch die erwähnten Darstellungen und Zeichnungen abgebildeten Gegenstände kann sich ggf. aus anderen Vorschriften des Urheberrechtsgesetzes ergeben, z.B. bei Bauwerken, deren Zeichnungen nach Ziff. 7 geschützt sind, zusätzlich aus Ziff. 4, in der das dargestellte Bauwerk eigenen Schutz erfährt.

2.8 Fotografien (§ 2 Ziff. 5)

Im Bereich der Fotografie differenziert das geltende Urheberrechtsgesetz zwischen den als Werke geschützten „Lichtbildwerken einschließlich der Werke, die ähnlich wie Lichtbildwerke geschaffen werden" (§ 2 Abs. 1, 5) und den „einfachen Lichtbildern", die als Leistungen geschützt werden (§ 72). Die dargestellte Unterscheidung gilt nunmehr im Hinblick auf die Werke einheitlich für den gesamten Bereich der Europäischen Union, wobei den Mitgliedsstaaten freigestellt ist, auf den Schutz einfacher Lichtbilder zu verzichten. In

Deutschland hat die Neuregelung den bestehenden Zustand weitgehend erhalten; neben der Absenkung der Schöpfungshöhe kam es zu einer Vereinfachung im Hinblick auf die Schutzfristen.

2.8.1 Lichtbildwerke

Werkqualität kommt nur den schöpferischen Fotografien (Lichtbildwerken) zu, die im Sinne des modernisierten europäischen Werkbegriffs das Ergebnis einer eigenen geistigen Schöpfung des Urhebers sind und ausreichende Individualität aufweisen. Hierunter fallen ausdrücklich auch solche Werke, die am unteren Rand schöpferischer Tätigkeit anzusiedeln sind, solange sie noch das Ergebnis individuellen Schaffens sind. Alle sonstigen Fotografien sind als einfache „Lichtbilder" geschützt.

Lichtbildwerken stehen gleich „Werke, die ähnlich wie Lichtbildwerke geschaffen werden"; das gleiche gilt für Fotografien. Hierzu zählen insbesondere Aufnahmen, die nicht auf einer lichtempfindlichen

Schicht, sondern in einem elektronischen Speicher in digitaler Form fixiert werden.

Sofern also eine Fotografie mit Werkcharakter in einem elektronischen Speicher in digitaler Form fixiert wurde, handelt es sich zwar nach der klassischen juristischen Definition nicht mehr um eine Abbildung, die eine Strahlenquelle durch chemische Veränderungen auf strahlungsempfindliche Schichten hervorruft, es handelt sich jedoch ohne Zweifel gem. § 2, Abs. 1 Ziff. 5 um ein Werk, das „ähnlich wie Lichtbildwerke" geschaffen wurde, sofern nur die nötige schöpferische Gestaltungshöhe gegeben ist; andernfalls ist ein Lichtbild entstanden. In jedem Fall ist urheberrechtlicher Schutz gegeben.

Die Zuordnung einer Fotografie in die Gruppe der Lichtbildwerke ist vor allem bedeutsam wegen der Schutzfrist: Lichtbildwerke geniessen gem. § 64 Abs. 1 UrhG den vollen urheberrechtlichen Schutz, sind also bis 70 Jahre nach dem Tod des Fotografen geschützt, während Lichtbilder kürzer geschützt sind.

2.8.2 *Lichtbilder (§ 72)*

Im Unterschied zu den Lichtbildwerken erkennt zumindest das deutsche Gesetz anderen Fotografien, die die nötige schöpferische Gestaltungshöhe nicht aufweisen, keinen Werkcharakter zu; diese Fotografien werden im System des Urheberrechts als „Leistungen" geschützt, allerdings weitgehend „in entsprechender Anwendung der für Lichtbildwerke geltenden Vorschriften" des ersten, auf Werke bezogenen Teils des Gesetzes. Dies bedeutet im Ergebnis, wie nachfolgend näher auszuführen sein wird, daß Persönlichkeits- und Verwertungsrechte bei Lichtbildern ebenso gegeben sind wie bei Lichtbildwerken.

Der wesentliche Unterschied zu Lichtbildwerken besteht in der Länge der Schutzfrist.

Der Schutz für Lichtbilder erlischt 50 Jahre nach dem Erscheinen des Lichtbildes bzw. der ersten erlaubten öffentlichen Wiedergabe, jedoch bereits 50 Jahre nach der Herstellung, wenn das Lichtbild innerhalb dieser Frist nicht erschienen ist.

Wichtig – und in Rechtsprechung und Lehre immer noch unumstritten -ist dabei, daß von „Herstellung" erst gesprochen werden kann, wenn vom Negativmaterial – herkömmliche Fotografiertechnik vorausgesetzt -der erste Positivabzug hergestellt wurde. Die Schutzfrist für alte Fotografien, die nur als Negativ existieren, läuft demnach erst ab Herstellung des ersten Positivs. Entsprechend dürfte für Lichtbilder, die mit digitaler Technik hergestellt werden, der erste Ausdruck maßgeblich für den Zeitpunkt des Erscheinens sein. Rechtsprechung zu dieser Frage liegt allerdings verständlicherweise noch nicht vor.

In der Museumspraxis dürfte es sich bei Reproduktionen von Kunstgegenständen in Bildarchiven in den seltensten Fällen um Lichtbildwerke handeln, da derartige Abbildungen auf bestmögliche Werkwiedergabe hin gestaltet wurden; lediglich Fotografien von Skulpturen oder dreidimensionalen Objekten können im Einzelfall die für das Vorliegen eines Lichtbildwerks erforderliche Schöpfungshöhe erreichen. Anders verhält es sich mit Fotografien, die wegen ihrer Werkqualität selbst gesammelt werden, insbesondere in Archiven, die Nachlässe verstorbener Fotografen aufgekauft haben oder wichtige zeitgenössische Fotografien sammeln. Es steht außer Zweifel, daß Fotografien von Autoren wie August Sander, Bloßfeld oder Brassaï Werkcharakter aufweisen.

2.8.3 *Übergangsregelungen infolge von Änderungen der Schutzfristen*

Das deutsche Urheberrecht wurde im Hinblick auf die Schutzfrist von Fotografien in jüngerer Vergangenheit zweimal geändert; die erste Änderung trat zum 1.07.1985, die zweite zum 1.07.1995 in Kraft. Bis zum 30.06.1985 bestand für Lichtbildwerke und Lichtbilder eine einheitliche Schutzfrist von 25 Jahren ab Erscheinen bzw. Herstellung. Durch die Urheberrechtsreform 1985 wurde Lichtbildwerken der volle Werkschutz (70 Jahre nach dem Tod) gewährt; für die einfachen Lichtbilder wurden zwei Schutzfristen (50 und 25 Jahre) eingeführt. Für 50 Jahre wurden gemäß § 72 Abs. 3 alter Fassung Lichtbilder geschützt, die „Dokumente der Zeitgeschichte" waren. Die höchstrichterliche Rechtsprechung hat sich mit der der Praxis nicht entsprechenden Definition eines fotografischen Dokuments der Zeitgeschichte nicht befassen müssen; die Unterscheidung hat auch international keine Entsprechung gefunden. Einfache Lichtbilder werden für 25 Jahre geschützt.

Die Urhebernovelle 1985 entfaltete keine rückwirkende Kraft: Lichtbildwerke und Lichtbilder, die am 1.07.1985 bereits gemeinfrei geworden waren, blieben auch gemeinfrei. Diese in vielen Fällen für die Fotografen und ihre Erben harte Regelung hatte zur Folge, daß sämtliche Fotografien deutscher Urheber, die vor dem 31.12.1960 erschienen oder hergestellt worden waren, ihren Schutz verloren.

Eine weitere Besonderheit betrifft Fotografien, deren Urheber Bürger der DDR waren: nach deren Recht waren Fotografien 50 Jahre nach Herstellung, also länger als in der Bundesrepublik geschützt. Diese bessere Rechtsposition ist nach allgemeiner Auffassung durch den Einigungsvertrag vom 31.08.1990, der in seinem das Urheberrecht betreffenden „Sachgebiet E" keine besondere Ausnahme von der Übernahme der Vorschriften des bundesdeutschen Urheberrechts vorsieht, nicht verschlechtert worden. Im Blick auf die Reform von 1995 ist deshalb bei DDR-Fotografien davon auszugehen, daß ihre Fotografen die volle Schutzfrist von 50 Jahren in Anspruch nehmen können.

Die zweite Urheberrechtsreform, die zum 1.07.1995 in Kraft getretene Umsetzung der Schutzfristrichtlinie der Europäischen Union, führt einen einheitlichen Lichtbildwerkschutz in allen Mitgliedsstaaten der EU ein. Daraus folgt für das Gebiet der Bundesrepublik, daßzumindet Lichbildwerke deutscher und ausländicher Fotografen, die zum Zeitpunkt des Inkrafttretens des Gesetzes im EU-Ausland (bei dort bestehender längerer Schutzfrist) noch geschützt waren, während sie nach bundesdeutschem Recht, wegen Ablaufs der 25jährigen Schutzfristvor dem 1.7.85, bereits frei waren, ab 1.07.1995 dem deutschen Rechtsschutz wieder unterfallen, also „aufleben" und in vollem Umfang bis zum Ablauf ihrer 70jährigen Schutzfrist als Werke geschützt sind. Das Überleitungsgesetz sieht vor, daß Nutzungshandlungen, die vor dem 1. Juli 1995 begonnen wurden, im vorgesehenen Rahmen fortgesetzt werden können. Für die Nutzung ab 1. Juli 1995 ist jedoch eine angemessene Vergütung zu zahlen. Für eine Reihe von Publikationen, deren Gegenstand Lichtbildwerke sind, wird deshalb eine Nachlizensierung erforderlich. Für einfache Lichtbilder lebt die Schutzfrist dagegen nicht auf.

Durch die Umsetzung der EU-Schutzdauer-Richtlinie in die Gesetzgebungen der Mitgliedsstaaten der Europäischen Union sowie der Mitgliedsstaaten des Europäischen Wirtschaftsraums wird eine lang andauernde Rechtsungleichheit in den Schutzfristen für Lichtbildwerke und Lichtbilder in verschiedenen europäischen Staaten beseitigt und vereinheitlicht; in der Praxis wird die Änderung der Regelungen und die Definition des Werkcharakters der Lichtbildwerke durch den europäischen Gesetzgeber dazu führen, daß der Fotografieschutz stark ausgebaut wird und auch solche Fotografien, die im gewerblichen Bereich entstehen, z.B. Mode- und Werbefotos, zukünftig Werkschutz erlangen.

Eine wesentlich andere Regelung gilt allerdings in den Vereinigten Staaten von Amerika: Hier werden Fotografien als Werke nach wie vor nur unter der Voraussetzung geschützt, daß sie für Ausstellungszwecke hergestellt wurden und in Auflagen von maximal 200 Abzügen einzeln signiert und numeriert vom Urheber verbreitet werden.

2.8.4 Recht am eigenen Bild

Beim Umgang mit Fotografien ist zu beachten, daß nicht nur die Fotografen Urheberrechte innehaben; auch die fotografierten Personen können unter bestimmten Umständen „Rechte am eigenen Bild" geltend machen, die bei Verwendungen von Fotografien berührt werden können. Diese Rechte sind nicht im Urheberrechtsgesetz geregelt, sondern in den letzten noch geltenden Bestimmungen des „Gesetzes betreffend das Urheberrecht an Werken der Bildenden Künste und der Photografie" (KUG) vom 9. Januar 1907.

Grundsatz des Schutzes des Rechts am eigenen Bild ist, daß Abbildungen von Personen, die deutlich erkennbar sind, nur mit ihrer Einwilligung fotografiert, verbreitet oder öffentlich zur Schau gestellt werden dürfen. Eine Ausnahme gilt nur insofern, als die abgebildeten Personen entweder als „Beiwerk", also als unwesentlicher Bestandteil des Fotos, als Teilnehmer an öffentlichen Versammlungen oder als „Personen der Zeitgeschichte" erscheinen.

Zulässig ist ferner die Verbreitung von „Bildnissen, die nicht auf Bestellung angefertigt sind", soweit die Verbreitung oder Ausstellung „einem höheren Interesse der Kunst dient".

Zu Schwierigkeiten führen in der Regel die beiden letztgenannten Ausnahmevorschriften.

Eine „Person der Zeitgeschichte“ steht im Blickfeld der Öffentlichkeit; im Interesse einer umfassenden Unterrichtung der Allgemeinheit darf ihre Abbildung grundsätzlich ohne Einwilligung verbreitet oder ausgestellt werden.

Die Rechtsprechung unterscheidet allerdings zwischen „absoluten“ Personen der Zeitgeschichte, also solchen, die durch ihr ständiges Handeln eine bestimmte wichtige Rolle im öffentlichen Leben einnehmen und diese über einen längeren Zeitraum ausüben, wie Politiker, Schauspieler und ähnliche Berühmtheiten. Im Gegensatz dazu treten die „relativen“ Personen der Zeitgeschichte nur im Zusammenhang mit einem begrenzten Vorgang ins Licht der Öffentlichkeit, wie etwa der Pilot, der mit seinem Flugzeug auf dem Roten Platz landet oder der Glückspilz, der den Jackpot geknackt hat. Auch die zeitweilige Begleiterin einer „absoluten“ Person der Zeitgeschichte ist deshalb immerhin „relativ“ bedeutsam.

Insbesondere im Hinblick auf die Abbildung von Personen der Zeitgeschichte gilt, daß diese nur in ihrer tatsächlichen zeitgeschichtlich relevanten Funktion abgebildet werden dürfen. Konkret bedeutet dies, daß zwar ein Foto, das den Bundeskanzler beim Regieren zeigt, ohne seine Genehmigung in der Presse verbreitet werden darf; eine Abbildung jedoch, die ihn in seinen privaten Räumen zeigt, etwa mit einer versteckten Kamera oder mit unerlaubten Mitteln aufgenommen, darf nicht ohne Einwilligung verbreitet werden.

Verwendungen von Fotos prominenter Personen stehen darüber hinaus unter dem Vorbehalt, daß ihre „berechtigten Interessen“ nicht verletzt werden. Eine derartige Verletzung ist immer dann gegeben, wenn Werbezwecke verfolgt werden. Die Verwendung eines Fotos des Bundeskanzlers Kohl ohne sein Einverständnis zur Werbung für Pfälzer Wein wäre deshalb rechtswidrig. Die Auslegung des Gesetzes ist, gerade im Hinblick auf verdeckte Werbung mit den Bildern der Medienprominenz, häufiger Gegenstand von Schadensersatz- und Unterlassungsprozessen.

Ein besonderer Schutz gilt solchen Bildnissen, die auf Bestellung angefertigt wurden: hier rechtfertigt die enge Beziehung zwischen Besteller und Fotografen eine weitergehende Beschränkung der Nutzungsmöglichkeiten und ihre Bindung an eine vorherige Einwilligung.

Bildnisse, d.h. Portraits, die nicht auf Bestellung angefertigt werden, dürfen dagegen zumindest in Kunstausstellungen gezeigt werden, nicht jedoch zu kommerziellen Zwecken vervielfältigt und genutzt werden.

Zusammenfassend ist wichtig für Bildarchive, sonstige Inhaber von Fotorechten und Nutzer von Lichtbildern bzw. Lichtbildwerken, daß vor Veröffentlichung von Fotografien, die Personen zeigen, die nicht Persönlichkeiten der Zeitgeschichte sind, – bzw. vor der Einräumung von Veröffentlichungsrechten für derartige Fotografien – geklärt wird, ob die abgebildeten Personen ihr Einverständnis mit der Wiedergabe der Fotografien erteilt haben. Im Zweifelsfall ist der Erwerber eines Nutzungsrechts darauf hinzuweisen, daß die Rechte der abgebildeten Personen gesondert eingeholt werden müssen.

2.9 Computerprogramme

Programme für die Datenverarbeitung sind bereits seit dem 1.07.1985 im Urheberrechtsgesetz unter dem Oberbegriff „Sprachwerke" geschützt; ausgebaut und detailliert wurde der Schutz dieser Programme im Zusammenhang mit der Umsetzung einer Richtlinie der Europäischen Union, die im Jahr 1993 in das Urheberrechtsgesetz übernommen wurde (§§ 69a-g). Durch dieses Einführungsgesetz wurde die seit 1985 entstandene Rechtsprechung des Bundesgerichtshofs korrigiert, die hohe Anforderungen an die Schöpfungshöhe der Programme gestellt hatte, während auf europäischer Ebene pragmatischere Gesichtspunkte – ebenso wie bei der Neudefinierung des Schutzes der Lichtbildwerke – im Vordergrund standen. Geschützt werden nur festgelegte Programmentwicklungen, nicht jedoch Ideen und Grundsätze für Programme und Schnittstellen. Computerprogramme werden dann als Werke geschützt, wenn sie das Ergebnis einer eigenen geistigen Schöpfung des Programmentwicklers sind, der zunächst Rechtsinhaber wird. Gerade bei Computerprogrammen wird es allerdings häufig so sein, daß der Arbeit- bzw. Auftraggeber aufgrund vertraglicher Vereinbarungen die entsprechenden Urheberrechte erwirbt.

Sofern Computerprogramme benutzt werden, um sonstige Werke zu schaffen – Werke der Literatur, der Musik oder der bildenden Kunst –, ist zu unterscheiden, ob das Endprodukt unter weiterer Mitwirkung einer Person oder vollautomatisch entsteht.

Schwierigkeiten könnten sich bei der Definition des Urhebers ergeben, sofern der Hersteller des Computerprogramms nicht identisch ist mit demjenigen, der durch Nutzung dieses Programms ein Werk erstellt. Im Hinblick auf die Werkqualität des Endprodukts kommt es dann entscheidend auf den kreativen Beitrag des Computerbenutzers an, der auf diese Weise gemeinsam mit dem Programmentwickler „Miturheber" werden kann. Ist dagegen das Computerprogramm lediglich Werkzeug des Nutzers und Werkschöpfers, so entfällt ein Urheberanteil des Programmentwicklers am Endprodukt.

In welchem Umfang im anderen Fall ein Produkt, das werkähnlichen Charakter hat, jedoch vollständig durch ein Computerprogramm erzeugt wurde, seinerseits „Werkcharakter" haben kann, ist wesentlich abhängig davon, inwieweit der Entwickler des Programms schöpferischen Einfluß auf das Endprodukt genommen hat. Klar ist nur, daß außer dem Programmentwickler kein anderer Rechtsinhaber existieren kann.

2.10 Datenbanken und Archive

Herkömmliche Archive, Datenbanken und elektronische Datenbanken sind schon nach derzeitiger Rechtslage als „Sammelwerke“ (§ 4) geschützt, wenn die Auslese oder Anordnung, also der Aufbau der Sammlung, selbst eine persönlich geistige Schöpfung darstellt. Urheber ist der schöpferische Entwickler der Konzeption.

Die Definition des Grades der persönlich geistigen Schöpfung folgt bei Datenbanken der Definition beim Schutz von Computerprogrammen, der die Tendenz hat, die Anforderungen an die Schöpfungshöhe niedriger zu ziehen als bei klassischen Werkkategorien, um den Erfordernissen der Praxis besser Rechnung zu tragen.

Archive und Datenbanken sind, sofern sie die beschriebene Originalität der Zusammenstellung aufweisen, was z.B. bei professionell betriebenen Bildarchiven aufgrund des zugrundeliegenden Sammlungssystems und der Anordnung der Materialien in der Regel anzunehmen ist, rechtlich gegen unberechtigte Entnahme von Bestandteilen und deren Nutzung geschützt.

Daneben verleiht die zur Umsetzung in das Recht der Mitgliedsstaaten anstehende Datenbankrichtlinie der EU auch dem Organisator, der wirtschaftliche Investitionen in die Entstehung der Datenbank getätigt hat, ein besonderes, auf 15 Jahre geltendes Schutzrecht gegen die ungenehmigte Entnahme wesentlicher Teile aus seiner Datenbank.

Wichtig im Hinblick auf den Schutz von Datenbanken ist, daß neben dem Schutz des Datenbankschöpfers der Rechtsschutz der in der Datenbank bzw. im Archiv befindlichen Werke weiter bestehen bleibt.

Bei elektronischen Datenbanken besteht neben dem Rechtsschutz der Datenbank ergänzend Rechtsschutz für die zugrunde liegenden Programme zur Indexierung, zur Verwaltung und zur Erschließung bzw. Abfrage der gesammelten Daten.

3. Leistungen der ausübenden Künstler und Produzenten

Neben Werken schützt das Urheberrechtsgesetz in eigenständiger Form die Leistungen der ausübenden Künstler, d.h. Musiker und Darsteller/Schauspieler, die urheberrechtlich geschützte Werke interpretieren sowie die unternehmerischen Investitionen und Leistungen der Hersteller und Produzenten von Filmen und Tonträgern und Sendeunternehmen.

Die Leistungsschutzrechte der an der Verwirklichung von Werken beteiligten Unternehmer resultieren aus der Tatsache, daß sie organisatorische und finanzielle Beiträge zur Herstellung von Vervielfältigungsstücken oder Aufführungen von Werken erbringen. Einen besonderen Leistungsschutz für Verleger oder Multimediaproduzenten gibt es hingegen bisher nicht, es ist aber denkbar, daß insbesondere angesichts des enormen wirtschaftlichen Potentials, das diese Gruppe repräsentiert, zukünftig besondere Schutzrechte auf internationaler Ebene definiert werden; entsprechende Beratungen finden bereits auf der Ebene der WIPO statt. Nach deutschem Recht sind die Leistungen dieser Unternehmer durch bestehende Regelungen weitgehend abgedeckt, insbesondere, weil sie in großem Umfang über vertraglich abgetretene Rechte der Werkurheber – Text- und Bildautoren – verfügen.

Der Rechtsschutz der leistungsschutzberechtigten Künstler ist gegenüber dem Urheberschutz deutlich abgeschwächt. Dies gilt z.B. für die Sendung erschienener Bild- oder Tonträger und für die öffentliche Wiedergabe. In beiden Fällen muß die Genehmigung der Künstler nicht eingeholt werden, sie haben jedoch einen Anspruch auf angemessene Vergütung, der in der Regel durch Verwertungsgesellschaften geltend gemacht wird.

Schwächer ist auch die Schutzfrist, die 50 Jahre nach Erscheinen des Bild- oder Tonträgers bzw. 50 Jahre nach der Herstellung, wenn der Bild- oder Tonträger innerhalb dieser Frist nicht erschienen ist, abläuft.

Im Unterschied zu den Urheberrechten können Leistungsschutzrechte, zumindest soweit sie aufgrund technisch-organisatorischer Leistungen gewährt werden, auch für juristische Personen entstehen, etwa für Schallplattenfirmen oder Filmstudios, die in der Regel als GmbH oder Aktiengesellschaften organisiert sind.

Die wirtschaftliche Stärke dieser Unternehmen resultiert insgesamt daraus, daß sie neben ihren eigenen Leistungsschutzrechten in der Regel die Rechte der Urheber der ihren Produktionen zugrunde liegenden Werke und die Leistungsschutzrechte der mitwirkenden ausübenden Künstler erwerben und diese gemeinsam ausüben.

4. Die Rechte der Urheber

Die oben unter Ziffer 3 vorgestellten Werke werden, wie dargestellt, von Urhebern geschaffen. Deren Einwirkungsmöglichkeiten auf die Werke, ihre Nutzungs- und Abwehrrechte sowie ihre Verpflichtung,

Werke in bestimmtem Umfang der Öffentlichkeit ohne Einschränkung zugänglich zu machen, soll im folgenden dargestellt werden.

4.1 Schutzdauer der Urheberrechte

Im Zusammenhang mit den Werkkategorien bzw. Leistungsschutzrechten wurde die Schutzdauer im Einzelfall bereits erwähnt.

Grundsätzlich gilt im Bereich der europäischen Union ein Schutzzeitraum, der sich auf die Lebenzeit des Urhebers zuzüglich 70 Jahre erstreckt (§ 64). Die 70jährige Schutzfrist beginnt mit dem 1. Januar des auf den Tod folgenden Jahres und endet deshalb immer mit Ablauf eines Jahres.

Verkürzte Schutzfristen gelten für einfache Lichtbilder (§ 72, 50 Jahre), Leistungen der ausübenden Künstler (§ 82, 50 Jahre) und Produzenten (§ 94, 50 Jahre). Ebenfalls verkürzte Schutzfristen gelten für Veranstalter (§ 82, 25 Jahre) und Herausgeber nachgelassener Werke (§ 71, 25 Jahre).

4.2 Urheber (§ 7)

Urheber der im Sinne des Gesetzes geschützten Werke ist nach kontinentaleuropäischer Rechtsauffassung der Schöpfer als physische Person. Die Entstehung von Urheberrechten in der Person des Auftraggebers eines Werkes, der auch eine juristische Person sein kann, ist dem deutschen und europäischen Rechtssystem unbekannt. Im Gegensatz hierzu kennt das anglo-amerikanische „Copyright“-System auch Formen der Urheberschaft, in denen ein Auftraggeber originärer Rechtsinhaber wird („Work made for hire“). Nach amerikanischem Verständnis ist deshalb nicht der Regisseur Haupturheber eines Films, sondern das Filmstudio als Firma.

Als Urheber im deutschen Recht wird bis zum Beweis des Gegenteils derjenige vermutet, der auf dem Werkoriginal oder seiner Reproduktion als solcher bezeichnet ist.

Haben mehrere Urheber ein Werk gemeinsam geschaffen, so sind sie als Miturheber Gesamtrechtsinhaber und können gemeinsam über die Verwertung bestimmen sowie an den Erlösen partizipieren, wenn keine abweichenden vertraglichen Vereinbarungen geschlossen wurden (§ 8).

Ein Beispiel für Miturheberschaft, also Zusammenarbeit am Entstehen eines einzigen einheitlichen Werkes ist etwa das englische Künstlerpaar Gilbert & George; für die Literatur werden oft die Shakespeare-Übersetzer Schlegel und Tieck genannt.

Im Gegensatz zur Miturheberschaft steht die Verbindung verschiedener Werke mehrerer Urheber zur gemeinsamen Verwertung, also etwa die Kombination von Libretto und Opernkomposition (§ 9).

In einem derartigen Falle der Werkverbindung kann jeder von mehreren Urhebern von den anderen die Einwilligung in die Nutzung des Gesamtwerkes verlangen, wenn dies zumutbar ist.

4.3 Rechte der Urheber an Werken

Das Urheberrechtsgesetz unterscheidet im Hinblick auf die Rechte der Werkschöpfer an ihren Werken zwei grundlegende Kategorien: Die *Urheberpersönlichkeitsrechte* bestimmen den engeren Beziehungszusammenhang zwischen dem Schöpfer als kreativer Persönlichkeit und dem Werk als Ausfluß seiner geistigen Potenz. Daneben treten die *Verwertungsrechte*, die Möglichkeiten und Umfang der allein dem Willen des Urhebers unterliegenden wirtschaftlichen Auswertung seiner Rechte definieren.

Neben den Verwertungsrechten bestehen *Vergütungsansprüche*, die die Urheber und Rechtsinhaber für Werknutzungen durch die breite Öffentlichkeit entschädigen, denen sie aufgrund besonderer gesetzlicher Regelungen keine Verbotsrechte entgegensetzen können; hierzu zählt etwa die Bibliotheksausleihe oder die private Vervielfältigung durch Fotokopieren.

Im Gegensatz zu den Persönlichkeitsrechten sind Verwertungsrechte und Vergütungsansprüche unter bestimmten Voraussetzungen (s. Ziff. 9.3) übertragbar.

Leitmotiv für die urheberrechtliche Konzeption der Verwertungsrechte und Vergütungsansprüche ist der zum Maßstab der Gesetzgebung gewordene Spruch des Reichsgerichts, nach dem „die ihrem Wesen nach ausschließliche Befugnis des Urhebers in ihrer Anwendung auf das Verkehrsleben danach strebt, daß tunlichst überall, wo aus einem Geisteswerk geldwerter Gewinn gezogen werden kann, dem Urheber ermöglicht werden soll, daran teilzunehmen".

4.4 Geschützte Leistungen

Neben den Werken der Urheber schützt das Urheberrechtsgesetz die Leistungen der ausübenden Künstler, bestimmte Rechte der Herausgeber urheberrechtsfreier Werke und wissenschaftlicher Ausgaben sowie die Rechte der Produzenten von Filmen und Schallplatten.

Im Gegensatz zu den geschützten Werken, die zwar im Gesetz aufgeführt sind, jedoch in ihrer Aufzählung nicht abschließend definiert sind, sind die geschützten Leistungen eindeutig begrenzt.

Wie die Urheber haben auch die ausübenden Künstler, also all diejenigen, die im Wortlaut des Gesetzes „ein Werk vortragen oder aufführen oder aber bei dem Vortrag oder der Aufführung eines Werkes künstlerisch mitwirken“, das Recht, über die Veröffentlichung ihrer Leistung zu entscheiden.

Darüber hinaus ist ihre Einwilligung erforderlich, wenn Bild- oder Tonträgeraufzeichnungen ihrer Werke, Funksendungen oder die öffentliche Wiedergabe ihrer Aufführung oder Darbietung gewünscht wird. Die Aufzeichnung und Sendung von öffentlichen Darbietungen, also etwa Konzerten oder Lesungen in der Öffentlichkeit, erfordert, wenn sie aufgezeichnet oder gesendet werden soll, auch die Zustimmung des Veranstalters.

In vielen Fällen allerdings treten die Künstler diese Rechte im Rahmen von Verträgen an die jeweiligen Produzenten oder Veranstalter ab.

Der Schutz der künstlerischen Leistungen ist gegenüber dem Urheberrechtsschutz zeitlich begrenzt, er beträgt, wie oben dargestellt, 50 Jahre ab dem Tage der Aufführung bzw. der Veröffentlichung der Leistung.

Neben den ausübenden Künstlern im engeren Sinne erwerben die Herausgeber nachgelassener Ausgaben, also solcher Werke, deren Schutzfrist bei Herausgabe schon abgelaufen ist, ein zeitlich begrenztes Leistungsschutzrecht; ebenso werden die wissenschaftlichen Ausgaben von solchen Werken geschützt, die selbst keinem gesetzlichen Schutz unterliegen, weil dieser Schutz entweder schon abgelaufen ist oder vom Gesetz her ausgeschlossen ist, wie dies beispielsweise bei Gesetzestexten der Fall ist. Wichtig ist auf jeden Fall, daß derartige Ausgaben nach wissenschaftlichen Kriterien erarbeitet worden sind.

4.5 Individuelle Gestaltungen

Insbesondere im Bereich des Kunsthandwerks und des Designs stellt sich oft die praktische Frage, ob bestimmte Gegenstände des täglichen Gebrauchs – z.B. Möbel – als „Werke“ gegen Nachahmung oder Kopie durch Konkurrenten des Herstellers geschützt sind. In Fällen, in denen die nötige schöpferische Gestaltungshöhe nicht festgestellt werden kann, bietet das Gesetz den Geschmacksmusterschutz an, sofern es sich um Gegenstände handelt, die sich durch die besondere Form ihrer Gestaltung von anderen abgrenzen und gewerblich genutzt werden sollen.

Der Schutz dauert zunächst fünf Jahre, beginnend mit dem Tag, der auf die Anmeldung folgt. Die Schutzdauer kann jeweils um fünf Jahre, maximal auf 20 Jahre verlängert werden. Die Verlängerung wird ebenfalls in das Register eingetragen.

Gegenstände, deren gestalterisches Charakteristikum nicht im ästhetischen Bereich liegen, können, sofern sie die notwendigen Voraussetzungen erfüllen und einem Gebrauchszweck dienen, als Gebrauchsmuster in entsprechender Weise geschützt werden. Allerdings können Gebrauchsmuster nur für drei Jahre angemeldet und bis zum Ablauf von zehn Jahren um jeweils zwei Jahre verlängert werden.

Bietet ein Objekt sowohl die Möglichkeit des Geschmacks- als auch des Gebrauchsmusterschutzes, so wird in der Praxis häufig der Schutz als Gebrauchsmuster vorgezogen.

Markeneigennamen von Firmen bzw. die im Geschäftsleben durchgesetzten Bezeichnungen für bestimmte Waren können als „Marken" gegen Übernahme und mißbräuchliche Benutzung im wirtschaftlichen Verkehr geschützt werden. Insbesondere im Ausland versuchen Hersteller zunehmend, sich Namen von Künstlern oder Werktitel als „Marke" schützen zu lassen, um anschließend im geschäftlichen Verkehr diesen Künstlernamen zu monopolisieren. Nach den im deutschen Recht geltenden Kriterien kann eine derartige mißbräuchliche Aneignung abgewehrt werden, weil die Verwendung eines Künstlernamens z.B. das allgemeine Namensrecht dieses Künstler, das aus seinem allgemeinen Persönlichkeitsrecht fließt und im Namensrecht des Bürgerlichen Gesetzbuchs formuliert ist, verletzt.

4.6 Urheberpersönlichkeitsrechte

Die wesentlichen Persönlichkeitsrechte sind das Veröffentlichungsrecht (§ 12), das Nennungsrecht (§ 13) und das Recht, die Entstellung von Werken zu verbieten (§ 14).

4.6.1 Veröffentlichungsrecht (§ 12)

Das *Veröffentlichungsrecht* ist das Recht des Urhebers, allein darüber zu bestimmen, ob und wann ein Werk in die Öffentlichkeit gelangt. Allein der Urheber darf ein Werk, das noch nicht veröffentlich wurde, beschreiben oder darüber berichten. Es ist deshalb allein die Entscheidung des Künstlers, Werke zu schaffen, im Atelier zu sammeln und schließlich zu vernichten, selbst wenn die Fachwelt ein Interesse an Veröffentlichung zu haben meint. Aus diesem Grunde können selbst Manuskripte berühmter Schriftsteller zwar den Eigentümer wechseln, ohne Einräumung des Veröffentlichungsrechts jedoch weder vervielfältigt noch vorgelesen oder auf andere Art vorgestellt werden.

Das Gesetz unterscheidet den Begriff der Veröffentlichung vom „Erscheinen" eines Werkes. Erschienen ist ein Werk immer dann, wenn mit Zustimmung des Urhebers Vervielfältigungen – Bücher, Schallplatten, Filmkopien – in die Öffentlichkeit gebracht wurden. Ein Kunstwerk ist schon dann erschienen, wenn es bleibend der Öffentlichkeit zugänglich gemacht wird. An das Erscheinen knüpft das Gesetz bestimmte Rechtsfolgen (§ 6).

4.6.2 Urhebernennungsrecht (§ 13)

Für die Praxis weit bedeutender als das Veröffentlichungsrecht ist das Recht auf *Anerkennung der Urheberschaft*, aus dem sich das ungemein wichtige Recht auf Namensnennung ableitet. Dies Recht steht allerdings nur dem Urheber als natürlicher Person zu; Museen oder Bildagenturen haben ein entsprechendes Recht nicht, weil sie keine Urheber sind. Der Urheber kann nicht nur bestimmen, daß sein Werk mit seinem Namen bezeichnet wird, sondern auch, in welcher Form. Besondere Bedeutung gewinnt dies Recht im Zusammenhang mit der Nutzung von Fotografien, bei deren Abdruck die Nennung des Fotografen bedauerlicherweise nicht selten unterbleibt. Grundsätzlich ist davon auszugehen, daß ein Urheber, der ein Werk mit seinem Namen versehen hat, von seinem Bestimmungsrecht Gebrauch gemacht hat und auf dessen Einhaltung besteht.

Beachtet werden muß deshalb, daß nur eine ausdrückliche rechtsgeschäftliche Vereinbarung mit dem Urheber einen Nutzer berechtigen kann, auf die Nennung seines Namens zu verzichten; soweit derartige Vereinbarungen in Formularverträgen oder durch allgemeine Geschäftsbedingungen herbeigeführt werden, ist weiter nach dem Gesetz über allgemeine Geschäftsbedingungen zu beachten, daß solche Bedingungen unter gewissen Umständen unwirksam sein können (Überraschungsklausel, unangemessene Benachteiligung). Unter Wahrung dieser Voraussetzungen sind vertragliche Vereinbarungen dahingehend möglich, daß Werktitel oder Urheberbezeichnung verändert werden können oder entfallen. Die Rechtsprechung hat in bestimmten Fällen „Branchenübungen" anerkannt, die ebenfalls dazu führen können, daß die Urheberbezeichnung ohne besondere vertragliche Vereinbarung entfallen kann. Dies ist vor allem in Fällen denkbar, in denen eine Bezeichnung aus technischen Gründen nicht angebracht werden kann.

Soweit Branchenübungen herangezogen werden sollen, um den Verzicht auf Urhebernennung zu rechtfertigen, ist jedoch in jedem Einzelfall weiterhin zu prüfen, ob es sich hierbei nicht um den Ausdruck der Ausnutzung wirtschaftlicher Überlegenheit über Urheber handelt, die in einer schwächeren Verhandlungsposition sind; in diesen Fällen liegt keine Branchenübung vor, sondern nur die unzulässige Ausnutzung der Schwäche eines Vertragspartners. Eine Branchenübung etwa des Inhalts, daß bei der Veröffentlichung der Werke von Museumsfotografen der Vermerk „Foto Kunstmuseum" ausreicht, besteht nicht. Die Nennung eines Fotografennamens in Verbindung mit dem Museum ist technisch durchaus möglich. Ebensowenig reicht es aus, wenn im Anhang zu einem Katalog oder auf der letzten Seite einer Kunstzeitschrift die Fotografen der Abbildungen ohne Hinweis auf die jeweilige Seite und Bezeichnung der Abbildung auf dieser Seite aufgeführt werden.

In der Regel ist deshalb davon auszugehen, daß ohne ausdrückliehen Verzicht des Urhebers das Recht auf Namensnennung am veröffentlichten Werk beachtet werden muß.

Sollte allerdings der Urheber sein Recht dahingehend nutzen, daß er ausdrücklich die Nennung untersagt, um anonym zu bleiben, muß auch dies respektiert werden.

4.6.3 Verbot der Entstellung des Werkes (§ 14)

Der Urheber hat ferner das Persönlichkeitsrecht, Entstellungen oder sonstige Beeinträchtigungen seines Werkes zu verbieten, wenn seine berechtigten geistigen oder persönlichen Interessen am Werk gefährdet sind. Das Entstellungsverbot schützt also insbesondere vor unberechtigten Eingriffen in die Integrität der Werkschöpfung, die gleichzeitig die Persönlichkeit berühren.

Entstellungen liegen etwa vor, wenn mehrteilige Kunstwerke verstümmelt werden, Wandmalereien teilweise überstrichen werden oder Texte bzw. Kompositionen verfremdet, gekürzt oder verändert werden, so daß das zugrunde liegende geistige Konzept Schaden nimmt.

Entstellungen sind daher besonders häufig im Bereich der plastischen Gestaltung und der Veränderung von Gebäuden. Bekannt geworden ist der Versuch der Architekten des neuen Plenargebäudes des Deutschen Bundestages in Bonn, den bekannten, als Gipsrelief geformten Adler des Künstlers Ludwig Gies durch eine flache und durch weiche Konturen veränderte Metallplatte mit den Umrissen des ursprünglichen Werks zu ersetzen; gegen diesen Eingriff, ausgerechnet am Ort der Urheberrechtsgesetzgebung, konnten sich die Erben des Künstlers erfolgreich zur Wehr setzen.

Im Gegensatz zur Entstellung eines Werkes kann die Bearbeitung, d.h. die schöpferische Umgestaltung oder die freie Benutzung eines Werks mit oder ohne Einwilligung der Urheber zulässig sein (s. unten, Ziff. 5.6).

Kein ausdrücklicher Schutz wird allerdings im Rahmen des geltenden Urheberrechts gegen die totale Vernichtung von Werken gewährt. Es ist zwar unbestritten, daß es eine stärkere Beeinträchtigung als die Zerstörung nicht geben kann; Eingriffsmöglichkeiten gegen die Zerstörung werden in der Rechtswissenschaft jedoch allenfalls dann gesehen, wenn die Zerstörung des Werkes selbst einen beleidigenden Angriff auf die Persönlichkeit des Urhebers enthält, was etwa dann der Fall sein kann, wenn sie mit kunstfeindlichen Begründungen einhergeht, wozu sich gelegentlich Gremien oder Politiker hinreißen lassen.

Ein derartiger Eingriff in Persönlichkeitsrechte ist jedoch bisher noch keinem Gericht zur Entscheidung vorgelegt worden. Als zulässig müssen deshalb auch die im Zusammenhang mit Umbauten oder Bausanierungen erfolgenden Entfernungen von Kunstwerken gelten; berühmt geworden ist hier in jüngerer Zeit die Beseitigung des Lenin-Denkmals in Ost-Berlin, gegen die sich die Erben des Künstlers vergeblich zur Wehr setzten.

Kunstwerke im öffentlichen Raum können daher ebenso wie andere Werke, die das Urheberrechtsgesetz schützt, nur dann vor Zerstörung bewahrt werden, wenn besondere gesetzliche Regelungen – wie sie der Denkmalschutz für Gebäude bietet – zur Erhaltung des nationalen Kulturguts geschaffen werden.

Eine andere Möglichkeit ist die vertragliche Absicherung, mit der sich der Aufsteller dem Künstler gegenüber von vornherein verpflichtet, ihn vor einer späteren Entfernung zu konsultieren und ihm gegebenenfalls die Rückgabe anzubieten, um die Zerstörung zu verhindern.

5. Verwertungsrechte

Die Werkurheber haben nach dem Gesetz das ausschließliche Recht, die „körperliche" und „unkörperliche" Verwertung ihrer Werke zu gestatten oder zu verbieten.

Eine Nutzung in „körperlicher Form", also unter Verwendung des Werkexemplars, berührt insbesondere das Vervielfältigungsrecht, das Verbreitungsrecht, das Ausstellungsrecht und, neuerdings, das Vermietrecht; unter öffentlicher Wiedergabe „in unkörperlicher Form" versteht der Gesetzgeber den Vortrag, die Aufführung und die Vorführung eines Werkes, meist der Literatur oder Musik oder eines Films, die Sendung und die Wiedergabe durch Bild- oder Tonträger bzw. die Wiedergabe von Funksendungen; Nutzungen durch Multimediatechniken unterfallen beiden Verwertungsformen.

Zu Unrecht und in Unkenntnis der einschlägigen gesetzlichen Vorschrift gehen Eigentümer von Kunstwerken oft davon aus, mit dem Erwerb des Werks auch die Nutzungsrechte erworben zu haben. Dagegen steht der ausdrückliche Wortlaut des deutschen (§ 44) und der meisten ausländischen Urheberrechtsgesetze, die – mit Ausnahme des Rechts zur Ausstellung von Kunstwerken – sämtliche Nutzungsrechte „im Zweifel" auch bei Veräußerung dem Urheber belassen. Im übrigen geht nur das Eigentum auf den Erwerber über; die Rechte verbleiben beim Urheber. Wer Nutzungsrechte erwerben will, muß hierüber beim Erwerb des Werks einen besonderen Vertrag abschliessen.

Urheber können ihre Rechte für alle oder nur für einzelne Nutzungsarten übertragen; dabei können mehreren verschiedenen Nutzern „einfache" oder einem einzigen Nutzer „ausschließliche" (exklusive) Rechte eingeräumt werden (§ 31, s. Ziff. 9.2)

Allerdings kennt das Gesetz eine Reihe von Ausnahmevorschriften, die unter bestimmten Voraussetzungen eine Werknutzung auch ohne Zustimmung der Urheber gestatten, insbesondere im Hinblick auf die Sicherung der Freiheit der Wissenschaft und der Berichterstattung.

Im folgenden werden zunächst die einzelnen Nutzungsrechte und Vergütungsansprüche und die Ausnahmen vorgestellt.

5.1 Reproduktions- und Verbreitungsrecht (§§ 15, 16, 17)

Die neben der Ausstellung traditionelle Verwertung von Sammlungsgegenständen, deren bildliche Festlegungen in Präsentationsräumen, Archiven und Datenbanken erfaßt sind, ist die Vervielfältigung oder Reproduktion zur Herstellung von Abbildungen, Postkarten, Büchern und Kunstdrucken.

Bei diesen Nutzungen muß neben dem Recht zur Vervielfältigung (§ 16) das Recht zur Verbreitung (§ 17) erworben werden, wenn Reproduktionen von Sammlungsgegenständen angeboten und verkauft werden sollen. In der Praxis wird, je nach Nutzungszweck, das Vervielfältigungs- und Verbreitungsrecht im Rahmen einer einheitlichen vertraglichen Vereinbarung von demjenigen erworben, der die Vervielfältigung vornimmt, also entweder vom Museum oder vom Verlag, selbst wenn der spätere Vertrieb und die Verbreitung durch andere Unternehmer erfolgt.

Das Verbreitungsrecht erlischt allerdings, sobald ein Original oder die Reproduktion eines Werkes mit Zustimmung des Urhebers oder Rechtsinhabers erstmals in den Verkehr gebracht wurde. Dies bedeutet, daß das einmal verkaufte Kunstwerk ohne weitere Zustimmung des Künstlers weiterveräußert werden darf (wenn auch das Gesetz einen bestimmten Zahlungsanspruch des Künstlers gegen den Verkäufer, das Folgerecht, vorsieht), ebenso wie eine mit Genehmigung hergestellte Vervielfältigung in den verschiedenen Stufen des Handels weitergegeben werden darf, ohne daß der Urheber oder ein sonstiger Rechtsinhaber hier Einfluß nehmen kann (Erschöpfungsgrundsatz).

Eine Ausnahme vom Erschöpfungsgrundsatz liegt allerdings vor, wenn ein Werk über ein Datennetz zugänglich gemacht wird: allein die Einspeisung begründet nicht die Nutzungsmöglichkeit durch Reproduktion für jeden Empfänger.

Beabsichtigt ein Verlag, ein geschütztes Kunstwerk zu publizieren, so hat er – streng formal gesehen – drei unterschiedliche Genehmigungen einzuholen: die Zustimmung des Museums, sofern allein dieses über die Reproduktionsvorlage verfügt, die Einwilligung des Fotografen, der die Abbildungsvorlage erstellt hat, und schließlich die Einwilligung des Künstlers, der das Werk geschaffen hat, soweit die

Schutzfrist noch nicht abgelaufen ist. Ist die Werkabbildung auch ohne Zutun des Museums zugänglich, etwa über ein Bildarchiv, ist nur die Genehmigung des Fotografen und des Künstlers einzuholen.

Allerdings räumen nur Fotografen und Künstler als Werkschöpfer mit der Erteilung der Genehmigung urheberrechtliche Nutzungsrechte ein. Das Museum, das selbst nicht Urheber sein kann, kann auch keine Rechte einräumen, lediglich, gestützt auf sein Hausrecht, den Zugang zur Anfertigung des Reproduktionsfotos ermöglichen (vgl. Teil III, 2.2.).

Auch die Einspeicherung eines geschützten Werkes in eine elektronische Datenbank stellt einen Reproduktionsvorgang dar, der nur mit Zustimmung des Rechtsinhabers zulässig ist. In diesem Falle handelt es sich im Gegensatz zur Herstellung von Büchern oder sonstigen Druckerzeugnissen um eine Verwertung in unkörperlicher Form.

Die weiteren rechtlichen Konsequenzen der Verarbeitung von Museumsgegenständen in digitalen Speichern werden im III. Teil beschrieben.

5.2 Ausstellungsrecht (§ 18)

Zu den Verwertungsrechten zählt in der Systematik des Gesetzes auch das Ausstellungsrecht, obwohl sich dieses in Deutschland nach der gegenwärtigen Rechtslage darin erschöpft, daß der Urheber über den Zeitpunkt der ersten Ausstellung eines unveröffentlichten Werkes der bildenden Kunst oder eines Lichtbildwerkes entscheiden kann. Sobald das Werkoriginal veräußert ist, geht dieses Recht auf den Erwerber über, es sei denn, der Urheber hätte es sich bei der Veräußerung ausdrücklich vorbehalten (§ 44, Abs. 2).

Die insbesondere von Seiten der Künstler immer wieder erhobene Forderung nach Einführung einer „Ausstellungsvergütung" richtet sich je nach Standpunkt entweder auf die Schaffung eines Verbotsrechts im Hinblick auf Ausstellungen, das vom Erschöpfungsgrundsatz nicht erfaßt wird und dem Künstler für die gesamte Schutzfrist die Möglichkeit geben soll, Ausstellungen seiner Werke zu gestatten oder zu untersagen. Eine realistischere Position argumentiert dagegen für die zukünftige Ausgestaltung des Ausstellungsrechts als Vergütungsanspruch. Dies würde bedeuten, daß der Werkeigentümer zwar auch weiterhin das Recht hat, das Werk nach Belieben auszustellen; hierfür soll jedoch unter bestimmten Umständen und je nach Ausstellungszweck eine Vergütung an den Urheber bzw. seine Verwertungsgesellschaft entrichtet werden.

Die Finanzierung einer derartigen Vergütung wäre durch Zuschläge zu den Eintrittspreisen denkbar.

Soweit Kunstwerke zu Ausstellungszwecken entgeltlich vermietet werden, steht den Urhebern schon jetzt aufgrund ihres Vermietrechts ein Beteiligungsanspruch zu – siehe Ziff. 5.5 „Vermietrecht".

5.3 Senderecht und Kabelweitersenderecht (§ 20)

Zu den wesentlichen unkörperlichen Nutzungsrechten, die Bedeutung für Archiv- und Datenbankmaterial haben, gehört das Senderecht; es ist das Recht, geschützte Werke unter Einsatz aller denkbaren technischen Möglichkeiten drahtlos, über Kabel oder über Satellit zu senden und ggf. weiterzusenden. Unterschieden wird das Erstsenderecht, also die Verbreitung der Programm-Signale durch ein Rundfunk- oder Fernsehunternehmen; dies Recht steht stets dem Urheber zu. Daneben wird bei Weiterverbreitungen von Sendungen außerhalb der Reichweite der Sendeantenne über Kabelnetze das Kabelweitersenderecht genutzt: es unterliegt, insbesondere nach Erlaß der Kabel- und Satellitenrichtlinie der EU vom 27.09.1993 nur noch beschränkt der Verfügungsgewalt der Rechtsinhaber. Im Bestreben, einen einheitlichen Fernsehmarkt im gesamten Bereich der EU und des Erweiterten Europäischen Wirtschaftsraums (EWR) zu schaffen, sieht die Kabelrichtlinie vor, daß die zeitgleiche, unveränderte und vollständige Weiterverbreitung einer drahtlosen oder drahtgebundenen Erstsendung aus einem Mitgliedsstaat in einen anderen Mitgliedsstaat zwar ebenfalls einer vertraglichen Rechtseinräumung bedarf, aber dennoch wesentlich erleichtert wird: Als Vertragspartner der Weitersendeunternehmen – in Deutschland betreibt derzeit neben einigen regional begrenzten Wohngebietsverteilanlagen allein die Deutsche Telekom die Kabelnetze – dürfen nur noch Verwertungsgesellschaften und Fernsehunternehmen auftreten, die die Gesamtheit der Rechtsinhaber repräsentieren und in einem besonderen Schiedsverfahren dazu angehalten werden können, Lizenzen einzuräumen. Bereits heute entrichten Kabelanschlußinhaber in Deutschland und den Nachbarstaaten Kabelgebühren im Rahmen nationalstaatlicher Regelungen; diese enthalten neben den Nutzungsgebühren für die Telekom auch einen Anteil für die Nutzung von Urheber- und Leistungsschutzrechten. Urheber und Rechtsinhaber, deren Werke gesendet oder über Kabelnetze weitergeleitet werden, erhalten aus dem Aufkommen ihren Vergütungsanteil über Sendeunternehmen oder Verwertungsgesellschaften.

Erleichtert werden soll durch die EU-Richtlinie, deren Umsetzung in deutsches Recht zum 1.01.1996 vorgesehen ist, auch die grenzüberschreitende Satellitensendung; dazu wird das bisher geltende Prinzip, nach dem ein Sendeunternehmen für jedes Land, in dem seine Sendung empfangen werden konnte, die Rechte gesondert zu erwerben hatte, ersetzt durch das Sendelandsprinzip, nach dem eine Satellitensendung nur noch in dem Land selbst lizensiert werden muß, in dem die Abstrahlung des Sendesignals an den jeweiligen Satelliten vorgenommen wird. Bei der Berechnung der Senderechtsgebühren muß allerdings das Verbreitungsgebiet des Satelliten berücksichtigt werden.

5.4 Vorführungs- und Aufführungsrechte (§ 19)

Vorführungs- und Aufführungsrechte von Werken werden im Zusammenhang mit Museen und Sammlungen dann in Anspruch genommen, wenn Ausstellungsstücke, Sammlungs- und Archivgegenstände – auch audiovisuelle Aufzeichnungen, Tondokumente und archivierte Reden – öffentlich vorgeführt werden, aber auch bei Aufführunen von Theaterstücken oder Musikwerken.

Der Begriff der Öffentlichkeit bestimmt sich nach § 15 Abs. 3 des UrhG, der wörtlich lautet: „Die Wiedergabe eines Werkes ist öffentlich, wenn sie für eine Mehrzahl von Personen bestimmt ist, es sei denn, daß der Kreis dieser Personen bestimmt abgegrenzt ist und sie durch gegenseitige Beziehungen oder durch Beziehung zum Veranstalter persönlich untereinander verbunden sind."

Diese Definition hat eine uferlose Rechtsprechung ausgelöst. Klar ist jedenfalls, daß die Öffentlichkeit einer Veranstaltung immer schon dann gegeben ist, wenn die Einladung sich an einen unbestimmten Personenkreis richtet: Selbst wenn man deshalb z.B. die Mitglieder eines Kunstvereins oder Volkshochschulkurses, die zu einer Filmvorführung in ein Museum eingeladen werden, als einen Personenkreis betrachten würde, der durch „gegenseitige Beziehung" oder durch „Beziehung zum Veranstalter" persönlich untereinander verbunden ist und sich deshalb zu einer nicht-öffentlichen Veranstaltung zusammenfinden könnte, wird diese Veranstaltung schon dadurch öffentlich, daß die Einladung zum Filmabend in der Tagespresse veröffentlicht wird bzw. dadurch, daß auch Nichtmitglieder ggf. gegen Entgelt Zutritt zur Veranstaltung erlangen.

Öffentlich oder nichtöffentlich vorgeführt werden kann nur ein Werk, das bereits vervielfältigt vorliegt, also etwa das als Textausgabe vervielfältigte und verbreitete Bühnenstück oder das Lied, dessen Noten im Handel erhältlich sind. In diesen Fällen kommt es für die Notwendigkeit des Erwerbs der Vorführrechte auf die Frage an, ob die Vorführung bzw. Aufführung öffentlich erfolgt oder nicht. Ähnliches gilt für Künstlervideos: wurden sie vom Museum zu dem Zweck erworben, sie im normalen Betrieb zu zeigen, so ist in der Regel die Rechtseinräumung zur Vorführung Teil des Kaufvertrages, denn ein Museum kauft kaum ein Video ausschließlich, um es der Öffentlichkeit vorzuenthalten.

Anders dagegen verhält es sich, wenn der Vorführung die Anfertigung einer Kopie des Werkes durch den Vorführenden voraufgeht: das ist etwa der Fall, wenn die Museumspädagogin eine Fernsehsendung aufzeichnet – also reproduziert –, um sie anschließend vorzuführen. Hier wird zunächst ein Reproduktionsrecht genutzt, was, wenn es nicht ausschließlich im Rahmen der Ausnahmevorschrift der §§ 53, 54 – s. Teil II, Ziff 7.1 – zu privaten Zwecken erfolgt, nur gegen Einwilligung der Rechtsinhaber möglich ist.

Da die Reproduktion zu Zwecken der öffentlichen Vorführung stets genehmigungspflichtig ist, muß auch die nichtöffentliche Museumsvorführung unterbleiben, wenn die entsprechenden Rechte nicht eingeholt wurden.

Auch beim Erwerb bespielter Kassetten oder CD-ROMs ist zu beachten, ob der Verkäufer bzw. Hersteller die öffentliche Vorführung gestattet hat – in der Regel ist hier nur die private Verwendung oder die nichtöffentliche Vorführung gestattet. Anders verhält es sich mit Kassetten, die entweder vom Sendeunternehmen und den jeweiligen Rechtsinhabern für die Vorführung lizensiert wurden oder bei Landesbildstellen ausgeliehen wurden; diese Einrichtungen, die ausdrücklich dazu bestimmt sind, Vorführkassetten zu vermieten oder zu verleihen, haben in der Regel mit dem Erwerb der Kassetten auch die Vorführrechte für bestimmte Zwecke bei den Rechtsinhabern erworben, die sie dann an die Entleiher weitergeben.

Unter dem Vorbehalt der Genehmigung der Urheber steht auch die öffentliche Wiedergabe von Funksendungen in Hotelhallen, Flughafenlounges und Gaststätten. Neben den Rechten der Urheber sind in allen genannten Fällen stets auch die Rechte der ausübenden Künstler und Hersteller zu beachten.

5.5 Vermiet- und Verleihrecht (§ 27)

Neues Verwertungsrecht, eingeführt durch die Gesetzgebung der Europäische Union, ist das Vermietrecht, das bisher dem deutschen Urhebergesetz in dieser Form fremd war. Das Vermietrecht gibt ab dem 1.07.1995 Urhebern, ausübenden Künstlern und Produzenten das Recht, Vermietungen (die zeitlich begrenzte Gebrauchsüberlassung zu unmittelbarem und mittelbarem wirtschaftlichen oder kommerziellen Nutzen) von Büchern, Musik-CDs, Filmen, Kunstwerken etc. zu verbieten oder zu gestatten. Sie erhalten hierdurch ein Instrument zur besseren Kontrolle und Steuerung der Verwertung ihrer Produkte. Nach der Neufassung des Gesetzes können Werkurheber und ausübende Künstler das Vermietrecht im Voraus, also vor seinem Entstehen, nur an Verwertungsgesellschaften abtreten; das schützt sie vor unvorteilhaften Vorweg-Pauschaleinräumungen an Produzenten. Außerdem haben sie einen unveräußerlichen Anspruch auf eine Vergütung für das Vermieten. Die bisherige deutsche Rechtslage ging dagegen davon aus, daß aufgrund der Erschöpfung des Verbreitungsrechts die Vermietung zwar genehmigungsfrei zulässig, aber vergütungspflichtig war (§ 27 alter Fassung).

Das Vermietrecht steht nach der neuen Gesetzeslage auch bildenden Künstlern zu. Es entsteht somit eine neue Situation, wenn ab 1.07.95 im Bereich der EU Kunstwerke vermietet werden, denn auch das „Ausleihen“ von Kunstwerken zu Ausstellungszwecken durch Sammler oder durch Museen kann nach neuem Recht dann einen Vermietvorgang darstellen, wenn hierfür finanzielle Gegenleistungen gefordert werden. Ist ein solcher Vermietvorgang anzunehmen, so ergeben sich weitreichende Konsequenzen: Da den Künstlern das Vermietrecht zusteht, muß ihre Einwilligung vorliegen, bevor eine derartige Vermietung durch das Museum oder den Sammler zu Ausstellungs- oder anderen Zwecken erfolgen kann; die Künstler können ihre Genehmigung verweigern oder an Bedingungen knüpfen. Weil das Recht vor seiner Einführung zum 1.07.1995 nicht existierte, konnte es bis zu diesem Zeitpunkt auch nicht vertraglich auf die Erwerber übertragen werden. Inhaber der Vermietrechte an sämtlichen bis dahin veräußerten, urheberrechtlich noch geschützten Werken sind also die Künstler oder ihre Erben.

Den Künstlern steht nach dem Gesetz weiterhin ein unverzichtbarer Anspruch auf Beteiligung an den Vermieterlösen zu, der von ihrer Verwertungsgesellschaft geltend gemacht werden kann. Diese Regelung gilt im gesamten Bereich der Europäischen Union.

Zumindest im Bereich des gewerblichen Vermietens ist damit durch die Umsetzung der Vermiet- und Verleihrichtlinie der Europäischen Union eine erhebliche Stärkung der Rechtsposition der Künstler erfolgt.

Das Verleihen – die unentgeltliche Überlassung von Originalen und Werkvervielfältigungen wie etwa Kunstwerken, Büchern, Videokassetten und CDs durch öffentliche Bibliotheken oder Artotheken – kann auch zukünftig ohne Zustimmung der Urheber und Produzenten erfolgen; den Mitgliedsstaaten stellt die Richtlinie der Europäischen Union frei, hierfür Vergütungen festzusetzen, die von den Verleihern an die Urheber und Leistungsschutzberechtigten zu zahlen sind. Das deutsche Gesetz kennt bereits seit 1965 die „Bibliothekstantieme“, die von den Bundesländern, Kommunen und Kirchen als Träger öffentlicher Bibliotheken sowie für die Werksbibliotheken aufgebracht wird. Diese Bibliothekstantieme wurde bis zur Gesetzesänderung nur für Vervielfältigungen, also Bücher, nicht aber für Originale gezahlt. Sie wird von den Verwertungsgesellschaften Wort, Bild-Kunst und GEMA an Urheber ausgeschüttet. Nach der Neuregelung bleibt der Vergütungsanspruch für das Verleihen und die Zuständigkeit der genannten Verwertungsgesellschaften erhalten; der Kreis der Berechtigten erweitert sich jedoch um die bildenden Künstler, soweit es um das Verleihen von Kunstwerken geht, und um die Leistungsschutzberechtigten; dies wird notwendigerweise zur Erhöhung der Forderungen an die zahlungspflichtigen Bibliotheksträger führen.

5.6 Bearbeitungsrecht und Freie Benutzung (§§ 23, 24)

Begrifflich zu den Verwertungsrechten des Urhebers zählt auch das Recht, darüber zu bestimmen, ob ein Werk „bearbeitet“ wird, d.h. ob es durch Eingriffe auf bestimmte spezifische Verwendungszwecke zugeschnitten wird, ohne daß es in seiner Substanz verändert oder gar entstellt wird.

Das Bearbeitungsrecht wird in der Museums- und Archivpraxis besonders häufig genutzt, und, meist unabsichtlich, oft verletzt.

Bei strenger Auslegung ist bereits die Schwarz-Weiß-Reproduktion einer farbigen Vorlage eine Bearbeitung; weiter die ausschnittweise Wiedergabe von Werkausschnitten auf Einladungen, Plakaten und in Drucksachen. Insbesondere Werbeagenturen gehen erfahrungsgemäß besonders sorglos mit den Bearbeitungsrechten um, etwa bei der Entwicklung von Logos, die aus Werken abgeleitet werden.

Bearbeitungsprobleme stellen sich häufig auch im Bereich der Architektur bei Umbauten, die in aller Regel der Zustimmung der Architekten bedürfen, sofern sie nicht unabdingbar sind. Unter diesem Gesichtspunkt beeinträchtigt auch die Innenausstattung der „Neuen Wache“ Schinkels in Berlin die Urheberrechte des Innenarchitekten Tessenows, der bekanntlich einen altarähnlichen Stein und keine Bildhauerarbeit in den Mittelpunkt seines Raumes gestellt hatte. Hier ist möglicherweise sogar durch „Entstellung“ in die Urheberpersönlichkeitsrechte Tessenows eingegriffen worden. Bei der Vergrößerung der Pieta von Käthe Kollwitz in diesem Zusammenhang handelt es sich rechtlich ebenfalls um eine – von den Erben allerdings gestattete – Bearbeitung eines Kunstwerks.

Von der Bearbeitung unterschieden werden muß die „freie Benutzung“. Zulässig ist nämlich der Zugriff auf fremde Werke, wenn sie in eigenständiger Form in neue und selbständige Kunstwerke aufgenommen werden. Wichtig ist dabei, daß sich die freie Benutzung deutlich von der Bearbeitung abheben und zu einem Ergebnis führen muß, das das ursprünglich zugrunde liegende oder benutzte Werk völlig in den Hintergrund treten läßt, ohne daß es völlig unbemerkbar werden muß.

Im Bereich der bildenden Kunst lassen sich beispielhafte Fälle der freien Benutzung in den Werken der Gruppe „Equipo Chronica“ feststellen, die auf die Formensprache und zugrunde liegende Werke anderer Künstler Bezug nehmen, jedoch völlig neue Bildzusammenhänge erstellen. Sie unterscheiden sich hierdurch wesentlich von den Künstlern der „Appropriation Art“ (siehe Ziff. 2.4), die entweder Reproduktionen oder Bearbeitungen erstellen.

Die Alternative „Bearbeitung“ oder „Freie Benutzung“ stellt sich wechselseitig immer dann, wenn Künstler Fotografien verwenden bzw. Fotografen Kunstwerke fotografieren.

In einem bekannten Fall, der die Rechtsprechung beschäftigt hat, kombinierte ein Maler in fotorealistischer Technik zwei Titelfotos einer Illustrierten, die durch die Übertragung in das Medium der Malerei zwar formal unbeeinträchtig blieben, jedoch durch veränderte Farbgebung und die Zusammenstellung der Werke in einen neuen Bedeutungsgehalt gebracht wurden. Hier wehrte sich der Fotograf gegen diese Umsetzung mit dem Vorwurf, der Künstler habe seine Fotografien „bearbeitet" und damit seine Urheberrechte verletzt. Dem hielt der Künstler entgegen, eine Umsetzung eines Werks in ein anderes Medium, nämlich von der Fotografie in die Malerei, stelle keine Bearbeitung, sondern eine zulässige „freie Benutzung" dar. Die Auffassung in der Rechtswissenschaft ist in dieser Frage uneinheitlich; der letztgenannte Standpunkt findet Unterstützung, ist aber auch bedenklich: Gerade im Hinblick auf neue Bildaufzeichnungs- und Verarbeitungstechniken kann allein durch die Wahl eines neuen Mediums das Bearbeitungsrecht des ursprünglichen Urhebers nicht umgangen werden.

Im konkreten Fall entschied das Gericht erster Instanz zugunsten des Fotografen; vor der Berufungsverhandlung verständigten sich Fotograf und Künstler darauf, ihre Rechte gegenseitig zu achten und zukünftig Nutzungsvorgänge des Gemäldes gemeinsam zu gestatten und zu überwachen; sie haben die Frage damit sicher in der besten Weise fair gelöst.

Bisher lag die Bedeutung der Abgrenzung von Bearbeitung und freier Benutzung nach alldem vor allem unter dem Gesichtspunkt des Eingriffs in Urheberpersönlichkeitsrechte im moralischen Bereich der Urheberrechtsausübung. Erhebliche Bedeutung gewinnt die Unterscheidung jedoch unter dem Gesichtspunkt der technischen Erleichterung von Manipulationsmöglichkeiten durch die Verbreitung elektronischer Techniken.

Die Digitalisierung eröffnet, wie beschrieben, praktisch uneingeschränkte Zugriffsmöglichkeiten auf Werkbestandteile. Bei Fotografien etwa ist durch Zugriff auf jeden einzelnen Bildpunkt, „Pixel", die Manipulation jedes Details und darüber hinaus die Komposition und Collagierung verschiedener Bilddetails technisch kein Problem mehr. Sofern das zugrunde liegende Foto in etwa erhalten bleibt, handelt es sich um Bearbeitungsvorgänge, die der vorherigen Genehmigung bedürfen. Auch die Erzeugung neuer Abbildungsvorlagen aus Einzelbestandteilen verschiedener Fotos stellt eine Bearbeitung dar, die urheberrechtlich sanktioniert ist; durch eine derartige Technik kann den Urhebern der zugrunde liegenden Abbildungen großer wirtschaftlicher Schaden entstehen.

Parallelentwicklungen von noch weitreichenderer wirtschaftlicher Bedeutung sind im Bereich der Musik feststellbar: das „Sampling", also das Generieren neuer musikalischer Werke durch Verwendung von

Ausschnitten eingespeicherter Kompositionen bzw. Musikaufführungen gewinnt zunehmende wirtschaftliche Bedeutung im Bereich der Unterhaltungsmusik. Auch hier werden wie bei der Bildmanipulation unter Verletzung des Bearbeitungsrechts vorhandene Werke als „Steinbruch“ für die Gewinnung von Bausteinen neuer Produkte ausgebeutet, ohne daß eine wirtschaftliche Beteiligung der Urheber der zugrunde liegenden Werke oder auch nur eine Respektierung ihrer Persönlichkeitsrechte gegeben ist.

Die Schwierigkeit im Umgang mit den durch elektronische Bearbeitung entstandenen Produkten liegt darin, daß es erheblichen Aufwand erfordert, die Verletzungen festzustellen und die Bruchstücke der zugrundeliegenden Werke zu identifizieren.

5.7 Änderungsverbot (§ 62)

Die beschriebenen Formen der Bearbeitung und freien Benutzung berühren Vorbehaltsrechte der Urheber. Denkbar ist der weitere Fall, in dem nach geregeltem Erwerb eines Nutzungsrechts oder nach Inanspruchnahme einer Ausnahmevorschrift, die die Einholung der Genehmigung überflüssig macht, eine Werkveränderung durch den Nutzer beabsichtigt ist: hier schützt das Gesetz den Urheber durch das „Änderungsverbot“ rigoroser als in den vorgenannten Fällen. Der Erwerber eines Nutzungsrechts ist mangels weiterer vertraglicher Vereinbarungen zu werkgetreuer und unveränderter Nutzung verpflichtet. Das Änderungsverbot verhindert, daß Bühnenregisseure oder Bildredakteure die erworbenen Materialien ohne Rücksicht auf die Interessen der Werkschöpfer verändern. In der Praxis berühren sich deshalb Bearbeitungsrecht und das Recht, Änderungen nach Einräumung des Nutzungsrechts zu untersagen, häufig.

Das Änderungsverbot gilt jedoch mit einer wesentlichen Einschränkung: Änderungen des Werks und seines Titels, zu denen der Urheber seine Einwilligung nach Treu und Glauben nicht versagen kann, sind zulässig. In der Praxis bedeutet dies, daß gewisse, aus der Nutzung erforderlich werdende, notwendige Anpassungen des Werks – also etwa Modernisierungen von Sachbüchern – vom Urheber hingenommen werden müssen. Bedeutung hat diese Vorschrift auch im Bereich der Architektur, wo Änderungen des Nutzungszwecks eines Gebäudes bestimmte Eingriffe in die architektonische Gestaltung erfordern und hingenommen werden müssen; in gewissen Grenzen ist auch die Anpassung von Werbemitteln an den Zeitgeschmack hierunter zu verstehen.

Im Einzelfall ist eine sehr sorgfältige Abgrenzung mit den Persönlichkeitsrechten der Urheber geboten.

Der wesentliche Unterschied zwischen Bearbeitung und freier Benutzung einerseits und Änderung andererseits liegt darin, daß Bearbeiter und freie Benutzer – erstere im Falle der Zustimmung des Urhebers – im Falle eigenschöpferischer Tätigkeit ein eigenes (Bearbeiter-)Urheberrecht am Ergebnis ihrer Tätigkeit erwerben (§ 3), während derjenige, der ein Werk, dessen Nutzungsrechte ihm übertragen worden sind bzw. der das Werk besitzt, durch eine Veränderung keine eigenständigen Rechte erwirbt, sondern lediglich fremde Rechte verletzt, wenn ihm nicht der Grundsatz von „Treu und Glauben" eine Rechtfertigung bietet.

5.8 Fälschungen

Der Schutz bildender Künstler gegen Fälschungen ist relativ schwach ausgeprägt: Da das Urheberrecht seine Schutzfunktion auf das konkret festgelegte Werk beschränkt, ist die Aneignung der speziellen künstlerischen Technik bestimmter Künstler durch Fälscher wie die in jüngerer Vergangenheit bekannt gewordenen Herren Kujau und Mrugalla nur dann zu unterbinden, wenn sie vorbestehende Kunstwerke abmalen bzw. reproduzieren: In diesem Falle verletzen sie fremde Reproduktionsrechte. Stellen sie jedoch eigene Produkte her, die lediglich von der Maltechnik her Werken bekannter Künstler ähneln, aber weder Reproduktionen noch Bearbeitungen identfizierbarer Werke oder Werkteile sind, so sind die Eingriffsmöglichkeiten beschränkt. Der Bundesgerichtshof hatte sich mit dem Fall zu beschäftigen, daß der Nolde-Stiftung eine derartige Fälschung vorgelegt wurde, die allerdings mit der Künstlersignatur „Nolde" versehen war. Als die Stiftung sich weigerte, die Fälschung herauszugeben und eine deutliche Kennzeichnung als „Fälschung" verlangte, entschied der BGH letztinstanzlich, daß lediglich ein Anspruch auf Entfernung der Signatur „Nolde" gegeben war; dieser Anspruch beruht auf dem zivilrechtlichen Namensrecht des Künstlers, das von seiner Witwe ausgeübt wurde. Nach Entfernung der Signatur mußte das Falsifikat dem Eigentümer herausgegeben werden.

In den Zusammenhang der Fälschungen gehört auch der Vertrieb von angeblichen „Originalgrafiken" bekannter, meist französischer und spanischer Künstler wie Chagall, Dali und Miro. Da das deutsche Urheberrecht keine gesetzliche Definition des Originalbegriffs bei der Auflagenkunst kennt, ist der in Deutschland, im Gegensatz zur französischen Tradition, im Grafikhandel verwandte Begriff der „Originalgrafik" mit Vorsicht zu genießen: der Begriff wird mit verschiedenen Bedeutungsinhalten, z.T. bewußt irreführend eingesetzt. So handelt es sich bei vielen als „Originalgrafik" angebotenen Lithographien von Dali oder Chagall, womöglich mit eingedruckter Signatur, um nichts anderes als schlichte Reproduktionen vorbestehender Leinwand- oder Papieroriginale, die in hoher Auflage hergestellt wurden. Die Verwendung des Begriffs „Originalgrafik“ kann sich in diesem Fall, je nach Darstellung bzw. Verschleierungstaktik des Verkäufers, durchaus im Grenzbereich des Betruges bewegen, zumindest aber den Käufers über wesentliche Eigenschaften des Werkes täuschen und gegebenenfalls zur Anfechtung eines Kaufes führen, der unter falschen Voraussetzungen eingegangen wurde.

Ist die urheberrechtliche Verfolgung von Fälschungen somit für die betroffenen Künstler unbefriedigend, so ist doch zumindest festzuhalten, daß der Vertrieb von Fälschungen unter dem Namen der Künstler, an die die Fälschung sich anlehnt, Strafgesetze verletzt: In der Regel liegen Betrug und Urkundenfälschung vor. Bedauerlich ist allerdings, daß die Strafsanktionen für dieses Genre der Wirtschaftskriminalität in den bisher abgewickelten Prozessen vergleichsweise milde ausgefallen sind.

6. Sonstige Rechte

Neben den wirtschaftlichen Verwertungsrechten räumt das Urheberrechtsgesetz Urhebern weitere Rechte ein, die teilweise für die Museumspraxis von Bedeutung sind.

6.1 Zugangsrecht (§ 25)

Wichtigstes Recht in diesem Zusammenhang ist das Recht der Urheber, vom Besitzer des Werkoriginals oder einer Vervielfältigung Zugang zu diesen Stücken zu erhalten, um weitere Vervielfältigungsstücke oder Bearbeitungen des Werkes herzustellen. Das Recht ist nur ausgeschlossen, wenn ihm berechtigte Interessen des Besitzers entgegenstehen.

Das Zugangsrecht geht allerdings nicht soweit, daß der Besitzer verpflichtet ist, das Original oder ein Vervielfältigungsstück an den Urheber zu den genannten Zwecken herauszugeben.

In der Praxis bedeutet dies, daß ein Museum oder eine Sammlung, die ein geschütztes Werk besitzt, auf Anforderung des Urhebers ermöglichen muß, daß dieser mit den geeigneten technischen Mitteln – allerdings unter Wahrung der Belange des Museums – Reproduktionsvorlagen anfertigt und dann seinerseits auch Reproduktionen herstellt. Da, wie beschrieben, die Verwertungsrechte auf die Werkeigentümer ohne besondere vertragliche Vereinbarung nicht übergehen, kann deshalb ein Museum, das ein Original erworben hat, nicht verhindern, daß der Urheber zu einem späteren Zeitpunkt nach Erwerb Reproduktionsvorlagen herstellt und Werkreproduktionen in Umlauf bringt. Das Zugangsrecht hat wirtschaftliche und persönlichkeitsrechtliche Bedeutung dadurch, daß dem Urheber möglich gemacht wird, Fälschungen festzustellen; es ermöglicht ihm darüber hinaus, die nötigen Grundlagen für die Erstellung von Werkverzeichnissen und anderen Werkübersichten bzw. von Vergleichsabbildungen für Katalog- und Werkpublikationen zu beschaffen.

Soweit dem Besitzer des Werkstücks durch die Ausübung des Zugangsrechts Kosten entstehen, hat der Urheber diese zu tragen.

6.2 Folgerecht

Ein weiteres, für Künstler und Nachlässe wichtiges wirtschaftliches Recht ist das Folgerecht, das Urhebern von Originalwerken der bildenden Kunst im Rahmen der Schutzfrist einen Beteiligungsanspruch von 5% am Verkaufspreis im Falle einer Zweit- oder Mehrfachveräußerung unter Einschaltung eines Kunsthändlers einräumt.

Dieses Recht sichert den Künstlern einen bescheidenen Anteil an den bei Weiterveräußerungen in der Regel eintretenden Wertsteigerungen. Der Kunsthandel ist der VG Bild-Kunst gegenüber auskunftspflichtig über Veräußerungen von Werken der Künstler, die der Verwertungsgesellschaft ihre Folgerechte zur Wahrnehmung eingeräumt haben.

Im Zuge der Internationalisierung des Kunsthandels ist die internationale Situation hier von großer Bedeutung: die Tatsache, daß der Kunsthandel in Großbritannien bis dato von einer derartigen gesetzlichen Verpflichtung zur Beteiligung der Künstler verschont blieb, führt zu Wettbewerbsverzerrungen im europäischen Binnenmarkt.

Diese Situation wurde besonders deutlich in einem Prozeß, den die VG Bild-Kunst als Vertreterin des Nachlasses Beuys gegen einen deutschen Sammler führte, der seine Beuys-Sammlung in London versteigern ließ und sich weigerte, Folgerechtsanteile zu entrichten. In einer in der Rechtswissenschaft nicht unumstrittenen Entscheidung wies der BGH den Anspruch des Nachlasses ab und zeigte deutlich das Schlupfloch auf, das sich derzeit noch bietet. Um die unhaltbare Situation zu beenden, daß derzeit vier Mitgliedsstaaten ein derartiges Recht nicht anerkennen, während alle anderen Mitgliedsstaaten ein Folgerecht geregelt haben bzw. im Falle von Finnland und Schweden eine entsprechende Gesetzgebung derzeit betreiben, bereitet die EU-Kommission eine Harmonisierungsvorlage für den Herbst 1995 vor, durch die das Recht in allen Mitgliedsstaaten zu weitgehend gleichen Bedingungen eingeführt werden soll.

7. Vergütungsansprüche

Neben den Verwertungsrechten kennt das Urhebergesetz eine Reihe von zulässigen Nutzungen geschützter Werke, auf die der Urheber keinen Einfluß durch Genehmigungen oder Verbote ausüben kann. In diesen Fällen entsteht aus der Nutzung aber die Verpflichtung, bestimmte Vergütungen für die Nutzungen zu entrichten, die sich in der Regel gegen den Nutzer richtet.

Die wichtigsten Nutzungen für die Museumspraxis sind die nachstehend erläuterten Vergütungsansprüche für private Vervielfältigungen und Bibliotheksausleihen.

7.1 Vergütung für private Vervielfältigung (§§ 53, 54)

Zulässig ist nach dem Gesetz, einzelne – maximal sieben – Werkvervielfältigungen zum privaten oder sonstigen eigenen Gebrauch herzustellen. Hauptanwendungsgebiete sind das Fotokopieren und die Anfertigung von Mitschnitten von Radio- und Fernsehsendungen, bespielten Audio- und Videokassetten oder CDs. Es ist aber auch niemand gehindert – sofern die Fotografiererlaubnis vorliegt –, in einem Museum ein Kunstwerk zu reproduzieren und diese Reproduktion in seinem privaten Bereich zu verwenden. In allen Fällen ist es sogar möglich, die Werkkopie zum privaten Gebrauch von einem Dritten herstellen zu lassen, allerdings nur unter der Bedingung, daß dieses kostenlos geschieht. Damit wird ausgeschlossen, daß ein kommerzielles Unternehmen, das letztlich immer Reproduktionen für den Endabnehmer, also für den privaten Verbraucher, herstellt, auf diesem Umweg das Urheberrecht umgeht, denn kein kommerzieller Verwender kann es sich leisten, Vervielfältigungen von Kunstwerken oder Übertragungen von Werken auf Film- oder Tonkassetten unentgeltlich vorzunehmen.

Die Herstellung von Werkvervielfältigungen über den privaten Gebrauch hinaus ist auch zulässig zu eigenen wissenschaftlichen Zwekken, zur Aufnahme in ein eigenes Archiv, wenn sie von einem Werk abgenommen wird, das dem Archivbetreiber gehört, oder zur Unterrichtung über Tagesfragen, wenn es sich um eine Fernsehsendung handelt.

Zum sonstigen eigenen Gebrauch können Teile von erschienenen Werken oder Beiträge vervielfältigt werden, die in Zeitungen oder Zeitschriften erschienen sind bzw. Werke, die seit zwei Jahren vergriffen sind. Darüber hinaus dürfen Werkteile oder Beiträge aus Zeitungen und Zeitschriften für Schul- und nicht-gewerbliche Bildungs- und Weiterbildungszwecke in Klassenstärke sowie für Prüfungszwecke hergestellt werden.

Dagegen ist die Vervielfältigung von Noten und von kompletten Ausgaben von Büchern oder Zeitschriften nur durch Abschreiben gestattet.

Die beschriebenen, umfangreichen Vervielfältigungsmöglichkeiten zum privaten oder eigenen, also betrieblichen Gebrauch knüpft der Gesetzgeber in bestimmten Fällen jedoch an Vergütungspflichten. Der erste Schritt in diese Richtung war die Aufhebung des Genehmigungsvorbehalts der Urheber für den Mitschnitt von Radiosendungen auf private Tonbandgeräte durch das Urhebergesetz 1965. Seinerzeit wurde ein Anspruch der Urheber gegen die Hersteller von Aufzeichnungsgeräten eingeführt. Der Anspruch wurde unter Berücksichtigung des stürmischen technischen Fortschritts, namentlich der Einführung der Videomitschnittechnik und der Entwicklung von Microkassetten und entsprechender kleiner, billiger Aufzeichnungsgeräte, in der Urhebernovelle 1985 ergänzt durch einen Vergütungsanspruch gegen Hersteller von Audio- und Videoleerkassetten.

Ein entsprechender Anspruch richtet sich gegen Hersteller und Importeure von Fotokopiergeräten und gegen Großbetreiber (Copy-Shops und Universitäten). Er wird nach Kapazität der Geräte berechnet und beträgt zwischen DM 75,– und 600,– pro Gerät. Diese Großbetreiberabgabe wird nach der Zahl der hergestellten Kopien urheberrechtlich geschützter Materialien und auf der Basis eines Seitenpreises von derzeit DM 0,02 pro Seite (DM 0,05 bei Schulbuchkopien) berechnet. Das Fotokopieren von Noten, das generell untersagt ist, wird im Bereich der Schulen von der Verwertungsgesellschaft Musikedition pauschal lizensiert; der Seitenpreis beträgt DM 0,10.

Die Ansprüche der Berechtigten werden von allen zuständigen Verwertungsgesellschaften (vgl. Ziff. 9.6.1) im Rahmen von Gesamtverträgen bei Herstellern, Importeuren, Schulen und Copyshopbetreibern geltend gemacht und an die Berechtigten verteilt.

Die wirtschaftliche Bedeutung dieser Vergütungsansprüche wird aus Zahlen deutlich: Im Jahr 1994 belief sich das Aufkommen aus Leerkassetten- und Betreibervergütung auf ca. 170 Mio. DM, für Fotokopier- und Faxgeräte sowie von Großbetreibern im Fotokopierbereich wurden ca. 50 Mio. DM entrichtet.

7.2 Bibliothekstantieme (§ 27)

Die Vergütung für Vermieten und Verleihen von Vervielfältigungsstücken, die sich nach der geltenden Rechtslage nur auf Bücher, Schallplatten und bespielte Kassetten bezieht, wird, wie oben (Ziff. 5.5) dargestellt, im Zuge der Harmonisierung der EU durch ein stärkeres Vermietrecht ersetzt und im übrigen – ausgedehnt auf Kunstwerke – im Verleihbereich vermutlich unverändert bestehen bleiben.

Nach alter Rechtslage wird die Vergütung für alle öffentlichen und Kirchen- sowie Werksbibliotheken im Rahmen eines Gesamtvertrages der Bibliotheksträger, vertreten durch die Kultusministerkonferenz (KMK) und den Verwertungsgesellschaften Wort, Bild-Kunst und GEMA abgerechnet.

Das im Jahr 1994 erzielte Aufkommen betrug ca. 20 Mio. DM. Die eingenommenen Vergütungen wurden bis zum 1.07.1995 an Bildillustratoren und Künstler, Schriftsteller und Komponisten verteilt; in Zukunft werden an diesen Erlösen auch Hersteller und ausübende Künstler partizipieren.

8. Freie Werknutzungen

Das Urheberrechtsgesetz dient in erster Linie der Definition der Schutzrechte im Hinblick auf den Schutz der Urheber vor unberechtigter Nutzung ihrer Werke; es übersieht dennoch nicht, daß auch das geistige Eigentum ein sozial gebundenes Recht ist, dessen Nutzung unter bestimmten Umständen zum Wohle der Allgemeinheit bzw. im öffentlichen Interesse uneingeschränkt möglich sein muß, selbst wenn die Urheber dem im konkreten Fall widersprechen möchten.

Das Gesetz enthält deshalb eine Reihe von Ausnahmetatbeständen, bei deren Vorliegen Nutzungen von Werken auch ohne Genehmigung der Rechtsinhaber zulässig sind; allerdings sind diese Ausnahmevorschriften im Interesse des vorangehenden Individualschutzes stets eng auszulegen und im Zweifel zugunsten der Urheber zu interpretieren. Besondere Vorsicht ist deshalb am Platze, wenn Ausnahmevorschriften in Anspruch genommen werden sollen, um wirtschaftlichen Interessen von Verwertern durchzusetzen.

In jedem Falle gilt auch bei der Inanspruchnahme von Ausnahmevorschriften, daß die Persönlichkeitsrechte, insbesondere das Entstellungsverbot und das Namensnennungsrecht, Beachtung finden müssen; gerade in Fällen, in denen der Urheber vom wirtschaftlichen Ertrag einer Nutzung seiner Werke im allgemeinen Interesse ausgeschlossen wird, muß zumindest der Schutz seiner Persönlichkeitsrechte gewahrt werden.

Für das Vorliegen der Voraussetzungen haftet dem Urheber immer der Herausgeber der Publikation oder Fernsehsendung, der das Werk veröffentlicht, nicht der Lieferant der Vorlage. Die nachstehende Aufstellung umfaßt nicht alle Ausnahmen; das Gesetz regelt weitere Fälle in den §§ 45-61.

8.1 Vervielfältigungen zum privaten und sonstigen eigenen Gebrauch

In den Regelungen der §§ 53 und 54 werden sowohl Ausnahmetatbestände als auch vom Gesetzgeber für zulässig erklärte, aber als vergütungspflichtig definierte Eingriffe in Urheberrechte durch private Vervielfältigung zusammengefaßt. Deshalb wurde bereits in den Ausführungen zu §§ 53, 54 (Ziff. 7.1) erläutert, daß die Herstellung von einzelnen (nicht mehr als sieben) Vervielfältigungen eines Werkes zum privaten und sonstigen eigenen Gebrauch zulässig ist und, soweit es mit Fotokopier- oder Audio- und Videoaufzeichnungsgeräten geschieht, gebührenpflichtig ist.

8.2 Zitate in wissenschaftlichen Werken (§ 51)

Die Inanspruchnahme des Zitatrechts im Zusammenhang mit Bildnutzungen ist häufig Quelle von Streitigkeiten und sogar Prozessen, weil dieser gesetzliche Tatbestand von Praktikern oft mißverstanden wird.

Zulässig ist die Wiedergabe einzelner Werke bzw. im Falle von Sprachwerken einzelner Stellen dieser Werke als „Zitat“ in wissenschaftlichen Publikationen. Voraussetzung eines derartigen „Großzitats“ ist jedoch, daß die Abbildung bzw. der Textausschnitt einen aus sich selbst heraus verständlichen wissenschaftlichen Text lediglich erläutern; sofern ein zitiertes Kunstwerk selbst Gegenstand des wissenschaftlichen Artikels oder Textes ist, wird der Zitatzweck bereits überschritten. Selbst das zulässige Zitieren ist im Umfang stark eingeschränkt; das Gesetz beschränkt die Ausnahme ausdrücklich auf das Zitieren von „einzelnen“ Werken (§ 51 Ziff. 1).

Die bisherige strenge Rechtsprechung, die darauf abstellte, daß ein Zitat nur dann vorliegen kann, wenn der zitierende Text vollständig selbständig verfaßt ist und auch ohne die Abbildung aus sich heraus verständlich bleibt, ist in jüngster Zeit vom Bundesgerichtshof modifiziert worden. Die Abbildung eines Kunstwerks in einem selbständigen Text, der sich ausschließlich und ausdrücklich auf dieses Werk bezieht, ist auch dann zulässig, wenn der Text ohne die Abbildung, ohne das Zitat, nicht verständlich wäre. Hervorgehoben wird jedoch von der Rechtsprechung auch in diesem Fall, daß das Entscheidende bei der Publikation der Text bleiben muß, während die Abbildung selbst nur als Hilfsmittel zum Verständnis der Darstellung des Autors dienen darf; das Sprachwerk muß die Hauptsache, die Abbildung, auch wenn sie ansprechend wirken soll, die Nebensache bleiben. Diese Auslegung schließt damit solche Abbildungen aus, die ganzseitig und dekorativ neben Texten stehen und begrenzt die zulässige Abbildung auf die in der Regel schon bisher tolerierte Form der Kleinabbildung, die im Umfang der Verwendung von Vergleichsabbildungen entspricht.

Die Erstellung von Werkverzeichnissen von Künstlern scheitert deshalb zum Leidwesen der Autoren in der Regel, wenn die Zustimmung des Künstlers oder seines Nachlasses verweigert wird; in diesen Fällen ist selbst bei Erarbeitung durch Wissenschaftler meist der Zitatcharakter nicht gegeben – die Werke werden vorgestellt, stellen aber meistens keine „Zitate" im oben erläuterten Sinn dar, sondern eine Sammlung von Abbildungen. Darüber hinaus erreichen die Abbildungen in aller Regel eine Quantität, die den zulässigen Umfang zum Zweck der Erläuterung eines selbständigen, aus sich heraus verständlichen Textes übersteigt. (Siehe auch Ziff. 8.3, „Katalogbilder")

In Texten, die selbst keine wissenschaftlichen Werke sind, dürfen zulässigerweise in entsprechend noch weiter eingeschränktem Umfang einzelne „Stellen", also Ausschnitte von anderen Werken aufgenommen werden, wenn sie im Verhältnis zum Text nicht ins Gewicht fallen. In Einzelfällen kann es sich dabei auch um vollständige Abbildungen von Kunstwerken oder Fotos handeln (§ 51 Ziff. 2).

8.3 Sammlungen für Schule und Unterricht (§ 46)

Zulässig ist ohne Genehmigung auch die Aufnahme einzelner erschienener Werke der bildenden Kunst bzw. von Textausschnitten in Sammlungen, die zum Schul- oder Unterrichtsgebrauch, auch im Rahmen der Museumspädagogik, herausgegeben werden. Voraussetzung ist, daß diese Sammlungen Werke einer größeren Anzahl von Urhebern enthalten. Es darf sich allerdings bei den Übernahmen, bezogen auf den einzelnen Urheber, wiederum stets nur um „einzelne" Werke handeln.

Die Urheber haben im Falle derartiger Nutzungen einen Vergütungsanspruch, der in der Regel von einer Verwertungsgesellschaft auf tariflicher Grundlage geltend gemacht wird.

8.4 Katalogbilder (§ 58)

Eine besonders wichtige Vorschrift für die Ausstellungspraxis ist die Definition der sogenannten „Katalogbildfreiheit"; gem. § 58 ist es zulässig, öffentlich ausgestellte Werke „in Verzeichnissen, die zur Durchführung der Ausstellung vom Veranstalter herausgegeben werden, zu vervielfältigen und zu verbreiten." Zulässig ist ebenfalls die genehmigungsfreie Abbildung von angebotenen Werken in Versteigerungskatalogen.

Im Hinblick auf die Katalogbildfreiheit war lange streitig, ob sie sich ausschließlich auf Kataloge von Wechselausstellungen oder auch auf Sammlungskataloge – und in dieser Hinsicht sowohl auf ausgestellte als auch auf deponierte Werke – bezieht.

Die Unklarheit hat der Bundesgerichtshof im Jahr 1994 beendet, hierbei allerdings auch die Grenzen der Katalogbildfreiheit zugunsten der Urheber enger gefaßt.

Auslöser des Rechtsstreits war eine Publikation des Frankfurter Städel-Instituts, in dessen erstem Teil 113 Kunstwerke meist ganzseitig abgebildet waren und im anschließenden Textteil weitere 775 Werke lediglich aufgeführt waren.

Grundsätzlich ist auch bei der Auslegung dieser Vorschrift davon auszugehen, daß die Ausnahmeregelungen des Urheberrechtsgesetzes nur für streng begrenzte Einzelfälle gelten und keine Eingangstore für mißbräuchliche Benutzung von Werken darstellen sollen.

Die definitorische Unterscheidung zwischen Wechsel- und Bestandsausstellungen wird von der Rechtsprechung nicht aufrechterhalten. Hingewiesen wird vielmehr darauf, daß die Einschränkung der Rechte der Urheber dem Zweck dient, das allseitige Interesse nach einer erleichterten Herausgabe illustrierter Ausstellungs- und Versteigerungskataloge zu ermöglichen. Dieses Interesse besteht bei Bestandsausstellungen ebenso wie bei Wechselausstellungen.

Gleichzeitig wird jedoch hervorgehoben, daß nur solche Publikationen ohne Genehmigung der Urheber – und damit letztlich auch ohne Zahlung von Reproduktionsgebühren – zulässig sind, die ausschließlich zur „Durchführung der Ausstellung“ herausgegeben werden.

Damit sind Publikationen gemeint, die dem Besucher den Gang durch die Ausstellung erschließen und die einzelnen Werke in ihrem Zusammenhang innerhalb der Ausstellung darstellen.

Befreit sind nicht nur Ausstellungsführer im engeren Sinne, sondern auch solche Publikationen, die Zusammenhänge und Entwicklungen verdeutlichen und sich deshalb vertieft mit einzelnen Werken auseinandersetzen. Aber auch hier verlangt der Bundesgerichtshof die Prüfung, ob im Ergebnis die Publikation noch dem engeren Ausstellungszweck insgesamt untergeordnet wird.

Die Herausgabe reiner Abbildungsverzeichnisse ohne Erläuterung der Ausstellung bzw. ihres Konzepts ist deshalb von der Katalogbildfreiheit nicht gedeckt.

Einige weitere Voraussetzungen müssen beachtet werden: in den genannten Publikationen dürfen nur solche Werke abgebildet werden, die tatsächlich Bestandteil der Ausstellung oder Bestandteil einer Sammlung eines Hauses, wenn auch zeitweise ins Depot verbracht, sind. Für alle weiteren Abbildungen müssen entsprechende Reproduktionsgenehmigungen eingeholt werden.

Vom Genehmigungsvorbehalt ist darüber hinaus nur derjenige Teil der Auflage eines Verzeichnisses ausgenommen, der im Rahmen der Ausstellung – bei Wechselausstellungen also nur während der Laufzeit dieser Ausstellungen – und im Gebäude des Ausstellungsveranstalters veräußert wird. Schließlich ist erforderlich, daß Herausgeber des Katalogs der jeweilige Ausstellungsveranstalter/Museumsträger oder Versteigerer ist.

Damit scheiden aus dem Kreis der begünstigten Publikationen sämtliche Verlagsobjekte aus, die zwar aus Anlaß einer Ausstellung von einem Verleger herausgegeben werden, jedoch in ihrer Gestaltung und in ihrer Zusammenstellung nicht auf die Ausstellung selbst Bezug nehmen und keine Erläuterungen zum Konzept und zum Aufbau der Ausstellung enthalten.

In den Worten des BGH sind auch zukünftig Publikationen, bei denen die Wiedergabe von Werken als Bestandteil einer Ausstellung nicht im Vordergrund steht, sondern bei denen dem Besucher lediglich der „Werkgenuß" durch Betrachten von Abbildungen vermittelt werden soll, nicht von Genehmigungen und Vergütungen befreit, sondern, wie alle Publikationen, lizenzpflichtig.

Im Ausgangsfall stellten die Richter insbesondere wegen des übergroßen Formats des Buches und der getrennten Anordnung von Abbildungen und Verzeichnis fest, daß eine derartige Publikation als Führer zur Besichtigung von Kunstwerken kaum tauge; im Hinblick auf die Städel-Publikation hielt das Gericht zur Erfüllung der Voraussetzungen die Abbildung aller Sammlungsstücke und deren Beschreibung im direkten Zusammenhang mit der Abbildung sowie einer Erläuterung zur Anordnung der ausgestellten Werke für erforderlich.

Vor dem Hintergrund der gegenwärtigen Produktion von Ausstellungskatalogen ist festzustellen, daß sie in den meisten Fällen von gesetzlichen Ausnahmevorschriften nicht erfaßt werden: die Katalogbildfreiheit scheidet aus, weil in aller Regel der unmittelbare Bezug zum Aufbau und zur Gestaltung der Ausstellung fehlt; auch die „Zitatfreiheit" kann nicht in Anspruch genommen werden, weil sie lediglich die Abbildung einzelner Werke freistellt und die, wenn auch wissenschaftlich beschriebene Darstellung einer großen Zahl von Kunstwerken, wie dies bei Katalogen in der Regel der Fall ist, nicht mehr umfaßt.

Empfehlenswert ist deshalb bei der Herausgabe von Veröffentlichungen im Zusammenhang mit Ausstellungen, vor allem bei Katalogen, rechtzeitig die Voraussetzungen des Rechtserwerbs mit den Rechtsinhabern, in den meisten Fällen voraussichtlich mit der VG Bild-Kunst, zu klären, um spätere Auseinandersetzungen und neue Streitigkeiten über die Auslegung der Frage auszuschließen, inwieweit der konkrete Katalog tatsächlich der Information der Besucher in dem von den Gerichten festgesetzten Umfang dient oder nicht.

8.5 Aktuelle Berichterstattung (§ 50)

Zulässig ist die Abbildung einzelner Werke im Rahmen der Berichterstattung der Presse oder des Fernsehens über Tagesereignisse, z.B. über Ausstellungseröffnungen oder in Berichten über den Erwerb von Werkstücken. Voraussetzung ist, daß die Abbildung in einem durch den Zweck gebotenen Umfang erfolgt, also in der Regel nicht mehr Raum einnimmt als der Text.

Außerdem entfällt der Tatbestand, wenn die Veröffentlichung in längerem zeitlichen Abstand nach dem Ereignis erfolgt. Bei wöchentlich erscheinenden Zeitungen wird die Veröffentlichung in der nächsten, nach der Eröffnung erscheinenden Ausgabe zulässig sein.

Bei Fernsehberichterstattung wird die Sendung in tagesaktuellen Nachrichtensendungen und, soweit der erforderliche Umfang nicht überschritten wird, im nächsterscheinenden Kulturmagazin zulässig sein. Features über Ausstellungen überschreiten die Berichterstattungsfreiheit. Für die Beurteilung der Frage nach dem Vorliegen der Voraussetzungen ist der veröffentlichende Verlag oder der Sender verantwortlich; von Museumsseite sollte deshalb vermieden werden, eigene Angabe zur Abbildungsfreiheit zu machen.

8.6 Kunstwerke im öffentlichen Raum (§ 59)

Kunstwerke dürfen mit Mitteln der Malerei und Grafik bzw. durch Lichtbilder oder Filme abgebildet werden, sofern sich diese Werke bleibend an öffentlichen Plätzen befinden. Letzteres Kriterium ist nicht erfüllt, wenn es sich lediglich um eine vorübergehende, also zeitlich begrenzte Ausstellung handelt. Die Vorschrift bezieht sich auch auf Bauwerke, allerdings nur auf die Außenansichten. Die Abbildung der Innenräume von Gebäuden, auch Museen, unterliegt dem Bestimmungsrecht des Architekten, auch wenn diese Räume öffentlich zugänglich sind. Diese Rechte des Architekten werden allerdings – gerade bei öffentlichen Bauten – häufig auf die Bauherrn übertragen.

Plastische Reproduktionen von Kunstwerken im öffentlichen Raum sind nicht zulässig.

Zu beachten ist, wie bereits erwähnt, daß bei der zulässigen Reproduktion von Werken im öffentlichen Raum der Name des Urhebers genannt werden muß, sofern er bekannt ist oder festgestellt werden kann.

Die Verhüllung des Berliner Reichstags durch Christo darf deshalb ohne seine Einwilligung nicht in Form von Fotos oder Filmen vervielfältigt und verbreitet werden, da es sich zwar um die Schöpfung eines Kunstwerks handelt, jedoch nicht um eines, das „bleibend" im öffentlichen Raum steht.

Zulässig ist jedoch auch bei nur vorübergehend im öffentlichen Raum aufgestellten Werken – im Rahmen der Vorschrift des § 53 – die Herstellung von Fotografien durch Besucher zum eigenen Gebrauch. Der Künstler kann also nicht verbieten, daß die zahlreichen Betrachter seines Werks für die eigenen vier Wände Reproduktionen in jeder beliebigen Form anfertigen oder anfertigen lassen, sofern dies unentgeltlich geschieht.

8.7 Unwesentliches Beiwerk (§ 57)

Rechtlich zulässig ist schließlich die genehmigungsfreie Nutzung von Werken, wenn sie als unwesentliche Zutat zu einem abgebildeten Gegenstand erscheinen – etwa als Raumschmuck in einem Spielfilm, der keine Bedeutung für die Handlung hat, oder als Hintergrundgegenstand auf einer Fotografie.

Nicht zulässig in diesem Zusammenhang ist z.B. die deutlich sichtbare Abbildung von Kunstwerken, die in Werbebroschüren für Möbelhersteller in abgebildeten Räumen hängen: sobald ein Kunstwerk, auch wenn es im Hintergrund abgebildet ist, bestimmende Auswirkungen auf die Werbeaussage hat (im einem vor Gericht ausgetragenen Streit sollte durch die Abbildung der Werkreihe „Marilyn" von Andy Warhol über Möbeln eines Billigherstellers suggeriert werden, daß die Nutzer dieser Möbel durchaus über guten Kunstgeschmack verfügen), liegt der Ausnahmecharakter nicht mehr vor.

Ähnliche Fragen stellen sich bei der Verwendung von Kunstwerken in Fernseh- oder Spielfilmen, wenn diese Kunstwerke bestimmende Bedeutung für die Handlung haben.

9. Übertragungen von Rechten

9.1 Rechtsnachfolge (§ 28)

Das Urheberrecht ist als höchstpersönliches Recht, wie im Zusammenhang mit der Darstellung der Urheberpersönlichkeitsrechte angedeutet, als Ganzes nicht übertragbar. Es ist jedoch vererblich. Der Erbe tritt in die Rechtsposition des Urhebers im Ganzen ein (§§ 28 – 30).

9.2 Rechtsübertragung (§ 31)

Im Gegensatz zum Urheberrecht als Ganzem können Nutzungsrechte für einzelne oder alle Nutzungsarten durchaus an Dritte übertragen werden, und zwar zu Lebzeiten des Künstlers ebenso wie nach seinem Tode.

Das Nutzungsrecht kann auf zweierlei Art eingeräumt werden: zum einen als „einfaches Nutzungsrecht". Der Erwerber kann das Recht für seine Zwecke und im vertraglich beschriebenen Umfang nutzen; die gleichen Rechte kann der Urheber jedoch auch weiteren Nutzern einräumen. Dies entspricht der Praxis der Rechtseinräumung im Museumsbereich, in dem für Publikationen etc. in der Regel Kunstwerke verwendet werden, die in anderem Zusammenhang und von anderen Verlagen ebenfalls publiziert werden.

Im Gegensatz dazu können Nutzungsrechte auch exklusiv eingeräumt werden, mit der Wirkung, daß Dritte von der Nutzung ausgeschlossen sind. Der Inhaber exklusiver Rechte kann seinerseits diese Rechte zur einfachen Nutzung an Dritte weiterübertragen. Die Einräumung von Exklusivrechten hat vor allem für die kommerzielle Verwertung von Werken große Bedeutung, weil sie u.U. Marktpositionen begründet, die hohe Investitionen rechtfertigen.

Eine wichtige Einschränkung ist bei der Rechtsübertragung jedoch zu beachten: die Übertragung von Rechten für solche Nutzungsarten, die zum Zeitpunkt des Vertragsschlusses noch nicht bekannt waren, ist nach deutschem Recht nicht zulässig. Im Gegensatz dazu ist sie in anderen Rechtssystemen, insbesondere in den USA, durchaus üblich.

Insbesondere im Hinblick auf neue Techniken muß deshalb immer geprüft werden, ob derjenige, der in der Vergangenheit ein Recht erworben hat, tatsächlich berechtigt ist, dieses Recht auch für neue Nutzungsarten auszuüben, ohne mit dem Urheber hierüber neue Vereinbarungen zu treffen.

Auf die Auslegung dieser Vorschrift kann es ankommen, wenn ein Bildarchiv beabsichtigt, vorhandene Fotos in digitale Speicher aufzunehmen. In diesem Falle ist zu prüfen, ob der zum Zeitpunkt des Erwerb des Fotos vereinbarte Nutzungszweck eine spätere digitale Verwertung bzw. Reproduktion schon vorsah oder vertraglich definierte; falls nicht, können einer Übernahme von ganzen Archivbeständen in digitale Speicher im Einzelfall ernsthafte rechtliche Schwierigkeiten im Weg stehen.

Darüber hinaus ist Aufmerksamkeit geboten, wenn es um die Bezeichnung des Vertragszweckes geht; sind bei der Einräumung des Nutzungsrechts im Nutzungsvertrag die Nutzungsarten nicht genau bestimmt, so wird im Streitfall stets angenommen, daß nur die unmittelbar dem bei der Einräumung des Rechts vereinbarten Zweck entsprechenden Rechte als übertragen gelten (§ 31, Abs. 5). Diese sogenannte Zweckübertragungslehre führt dazu, daß insbesondere bei Rechtseinräumungsverträgen, die unbestimmt oder mündlich geschlossen wurden, im Interesse des Urhebers stets eine enge Auslegung angewandt wird. Der Grundsatz des Gesetzes, bei der Beurteilung der Übertragung von Urheberrechten im Interesse der Urheber stets von einem möglichst beschränkten Übergang der Rechte auszugehen, findet seinen Niederschlag auch in weiteren Vorschriften.

Wichtig ist in diesem Zusammenhang auch, daß, wie verschiedentlich erwähnt, im Gesetz ausdrücklich klargestellt wird, daß mit der Veräußerung des Werkoriginals dem Erwerber im Zweifel keine Nutzungsrechte am erworbenen Werkstück eingeräumt werden. Insbesondere Käufer von Kunstgegenständen und Fotografien sind häufig anderer Auffassung und geraten infolgedessen in Konflikte mit Urhebern, wenn sie erworbene Kunstgegenstände ohne Erwerb der notwendigen Nutzungsgenehmigung reproduzieren, senden oder sonstwie verwerten (§ 44). Der Erwerber erwirbt lediglich das Recht, Werke der bildenden Künste oder Lichtbildwerke öffentlich auszustellen und dies auch nur dann, wenn die Urheber sich derartige Rechte nicht ausdrücklich vertraglich vorbehalten haben.

Beim Erwerb von Nutzungsrechten muß der Erwerber sicherstellen, daß die Rechte mit Einverständnis des Urhebers übertragen werden, vor allem wenn Rechte von Dritten, nicht vom Urheber oder einer Verwertungsgesellschaft, erworben werden. Gutgläubiger Erwerb, den das Sachenrecht beim Eigentumsübergang unter bestimmten Voraussetzungen anerkennt, ist dem Urheberrecht fremd!

9.3 Verträge zur Übertragung von Urheberrechten

Die beschriebenen Möglichkeiten der vertraglichen Rechtseinräumung sollten aus den genannten Gründen möglichst genau definiert erfolgen, damit beide Seiten sich über die wirtschaftlichen und tatsächlichen Konsequenzen einer derartigen Rechtsübertragung von vornherein einig sind. Das Urheberrechtsgesetz schreibt allerdings für die Einräumung von Rechten keine besondere Form vor; der berühmte Vertrag durch Handschlag zwischen Autor und Verleger ist mithin noch immer zulässig, in diesem Bereich aber weniger riskant, weil das Verlagsgesetz als urhebervertragsrechtliches Spezialgesetz Pflichten und Aufgaben von Autoren und Verleger sehr weitgehend definiert.

Für den Bildbereich existiert ein entsprechendes Gesetz, das die Abwicklung von Verträgen regelt, jedoch nicht. Es ist deshalb empfehlenswert, entweder im Einzelfall schriftliche Verträge aufzusetzen oder Formularverträge zu verwenden, wobei im letzteren Falle freilich darauf geachtet werden muß, daß diese Formularverträge nicht allzu einseitig dem Interesse nur der einen Seite dienen.

In solchen Verträgen sollte unbedingt neben der Bezeichnung der Vertragsparteien der Vertragszweck, etwa die beabsichtigte Publikation, und der Umfang der Zusammenarbeit definiert werden. Gerade im Hinblick auf neue technische Nutzungsmöglichkeiten sollten Publikationsverträge ausdrückliche Regelungen über elektronische Nutzungen enthalten, wenn diese beabsichtigt sind. Zur Vermeidung späterer Auseinandersetzungen müssen gerade in diesem Bereich unklare Formulierungen unbedingt vermieden werden.

Wichtig sind auch klare Absprachen über den vereinbarten Honorarrahmen und die Abrechnungsmodalitäten, wobei die Definition einer Grundlage für die Anknüpfung der Abrechnung immer schwieriger wird: gab es bis vor kurzem noch fest definierte Auflagen bei Verlagen, so hat die neue Herstellungstechnik, die den sukzessiven Druck von Auflagen ermöglicht, eine Abgrenzung fast unmöglich gemacht.

Wichtig sind auch genaue Regelungen über den Auslandsvertrieb und die Abgeltung von Fortnutzungen der ursprünglichen Publikation in Form von Taschenbüchern oder Buchgemeinschaftsausgaben.

9.4 Lizenzverträge mit ausländischen Partnern

Probleme treten immer wieder dann auf, wenn Lizenzverträge mit ausländischen Partnern abgeschlossen werden, in deren Ländern möglicherweise andere Ausnahmetatbestände oder gesetzliche Voraussetzungen für den Erwerb von Urheberrechten bestehen. Im Hinblick auf die zunehmende Rechtsangleichung im Bereich der Europäischen Union dürften die Schwierigkeiten hier geringer werden, insbesondere bei der Zusammenarbeit mit Verlagen in Großbritannien ist jedoch Vorsicht geboten. Allein die Versicherung des ausländischen Vertragspartners, er habe die Urheberrechte erworben, entbindet den deutschen Verleger bzw. den deutschen Herausgeber von Publikationen nicht von Nachforderungen seitens der Rechtsinhaber, falls sich herausstellt, daß eine befreiende Vorschrift zwar im benachbarten Ausland Geltung hatte, jedoch im Inland keine Wirkung hat. Es ist deshalb ratsam, in solchen Fällen auf einer ausdrücklichen Freistellungsklausel zu bestehen, durch die der ausländische Lizenzverkäufer sich verpflichtet, entsprechenden Schadensersatz zu leisten, falls im Inland eine Nachforderung mit Rechtsgrund erhoben wird.

Besonders problematisch sind in diesem Zusammenhang Lieferungen aus osteuropäischen Staaten, in denen EU-Recht nicht gilt und kürzere Schutzfristen wirksam sind. Insbesondere die Sowjetunion mit ihrer alten Schutzfrist von 25 Jahren – die mittlerweile durch das neue russische Urheberrechtsgesetz auf 50 Jahre verlängert wurde – erlaubte die Verwendung von Kunstwerken aus den großen Sammlungen in St. Petersburg und Moskau, die nach russischem Recht gemeinfrei geworden waren, jedoch in den westeuropäischen Staaten noch gesetzlichem Schutz unterliegen. Ähnlich problematisch ist der Erwerb von Nutzungsrechten bzw. der Vertrieb von Produkten aus dem Bereich der Vereinigten Staaten von Amerika, weil dort aufgrund der unterschiedlichen urheberrechtlichen Vorschriften zumindest bis 1978 zahlreiche Kunstwerke keinem urheberrechtlichen Schutz unterlagen und deshalb von jedermann veröffentlicht werden durften und dürfen, sofern sie nicht nach Inkrafttreten der neuen US-Regelungen zur rückwirkenden Erstreckung des urheberrechtlichen Schutzes wiederum gesetzlichem Schutz unterfallen. Insbesondere die Publikationen der großen amerikanischen Museen, die aus verschiedenen Gründen in Amerika von den Rechtsinhabern nicht verhindert wurden, stoßen in Europa an die gesetzliche Realität, was vor allem Betreiber von Museumsshops in Schwierigkeiten bringen kann, wenn sie sich nicht um die erforderliche Nachlizensierung bemühen (vgl. Ziff. 12).

9.5 Urheber in Arbeits- oder Dienstverhältnissen

An den dargestellten urheberrechtlichen Grundsätzen ändert sich auch dann nichts, wenn Urheber in Arbeits- oder Dienstverhältnissen stehen; jedoch wird es hier oft so sein, daß der Arbeits- oder Dienstvertrag bereits die Einräumung von Urheberrechten an den Arbeitgeber vorsieht, was gesetzlich zulässig und in der Praxis weitgehend üblich ist.

Es empfiehlt sich jedoch, auch beim Abschluß von Arbeits- oder Dienstverhältnissen vertraglich eindeutig festzulegen, welche Rechte tatsächlich auf den Arbeitgeber übergehen sollen; unstreitig ist, daß Werke, die Urheber außerhalb von Arbeits- oder Dienstverhältnissen schaffen, von derartigen vertraglichen Regelungen nicht erfaßt werden und den Urhebern zur eigenen Verwertung verbleiben.

Beachtet werden muß schließlich, daß auch beim Rechtsübergang aufgrund von Arbeitsverträgen die Urheberpersönlichkeitsrechte dem angestellten Urheber verbleiben: der Museumsfotograf kann deshalb darauf bestehen, daß sein Name neben dem Foto publiziert wird, und hat darüber hinaus das Recht, Entstellungen zu verbieten. Möglich ist allerdings, daß die Rechte zur Bearbeitung von Werken im Rahmen von Arbeits- und Dienstverträgen auf den Arbeitgeber übertragen werden, um diesem die Möglichkeit zu geben, dem Betriebszweck entsprechend Fotografien zu verändern oder Zeichnungen und ähnliche Werke dem Betriebszweck entsprechend anzupassen oder durch Dritte anpassen zu lassen.

9.6 Verwertungsgesellschaften

Aus den Ausführungen insbesondere zu den Vergütungsansprüchen wird deutlich, daß den Verwertungsgesellschaften im System des deutschen Urheberrechts zunehmende Bedeutung zukommt.

9.6.1 Aufgabe von Verwertungsgesellschaften (§ 1 UrhWahrnG)

Aufgabe von Verwertungsgesellschaften ist die kollektive Verwaltung und Durchsetzung individuell nicht wahrnehmbarer Urheberrechte. Dies ergibt sich aus § 1 UrhWG, in dem die Wahrnehmung von Nutzungsrechten, Einwilligungsrechten oder Vergütungsansprüchen, die sich aus dem Urheberrechtsgesetz ergeben, für Rechnung mehrerer Urheber oder Inhaber verwandter Schutzrechte zur gemeinsamen Auswertung erlaubnispflichtig gemacht wird, unabhängig davon, ob die Wahrnehmung im eigenen oder fremden Namen erfolgt.

§ 1 beschränkt also durchaus die Tätigkeit von Rechtsagenturen oder ähnlichen Unternehmungen, die kollektiv die Rechte mehrerer Urheber wahrnehmen, zumindest insofern, als die Einholung einer Erlaubnis beim Deutschen Patentamt als Aufsichtsbehörde und damit eine Überprüfung der Seriosität der Antragsteller erforderlich ist.

Verwertungsgesellschaften unterliegen dem Wahrnehmungszwang, d.h. sie haben alle Urheber bzw. einschlägigen Inhaber übertragener Rechte aufzunehmen; dem Wahrnehmungszwang entspricht der Abschlußzwang, d.h. die Verpflichtung, jedem potentiellen Nutzer die verwalteten Rechte zu gleichen Bedingungen anzubieten. Verwertungsgesellschaften erlassen als Grundlage für die Geltendmachung ihrer Forderungen Tarife, die auf den im Markt üblichen Vergütungen beruhen müssen und von Gerichten kontrolliert werden können.

Verwertungsgesellschaften unterliegen im übrigen der Publizitätspflicht im Hinblick auf ihre Wirtschaftlichkeit sowie der Rechtsaufsicht durch das Deutsche Patentamt.

In Deutschland besteht die älteste Verwertungsgesellschaft für den Bereich der Musik: die GEMA, die Komponisten, Textdichter – Urheber von Liedtexten – und Musikverleger aus dem In- und Ausland vertritt. Die Leistungsschutzrechte der ausübenden Musiker und Schauspieler sowie sämtliche Rechte an Videoclips vertritt die GVL – Gesellschaft zur Wahrnehmung von Leistungsschutzrechten mbH –. Im Bildbereich besteht die VG Bild-Kunst, die bildende Künstler, Fotografen, Grafik-Designer, Verleger illustrierter Werke, Inhaber übertragener Rechte im Bildbereich und Filmurheber sowie die Produzenten des deutschen Autorenfilms vertritt. Sie nimmt Nutzungsrechte – Reproduktions-, Sende- und Vermietrechte – und Vergütungsansprüche für die Entleihe und das Fotokopieren u.a. wahr. Im Wortbereich besteht die VG Wort, die ausschließlich Nebenrechte, insbesondere die Bibliothekstantieme, die Fotokopievergütung und die Rechte zur Sendung kurzer Texte im Rundfunk vertritt. Darüber hinaus nimmt sie die Ansprüche der Drehbuchautoren an Filmen wahr. Im Filmbereich bestehen verschiedene Verwertungsgesellschaften, die die Interessen unterschiedlicher Produzentengruppen, insbesondere im Zusammenhang mit der Leerkassetenvergütung und der Verteilung der Kabelweitersendeerlöse, vertreten.

Die Verwertungsgesellschaften arbeiten partiell eng zusammen, vor allem dort, wo Pauschalvergütungen für Urheber und Rechtsinhaber verschiedener Sparten gezahlt werden, etwa bei der Bibliothekstantieme und der Fotokopiervergütung, die gemeinsam von den Verwertungsgesellschaften Wort und Bild-Kunst wahrgenommen werden, bzw. bei der Leerkassettenvergütung, die von sieben Verwertungsgesellschaften verteilt wird. Sämtliche Verwertungsgesellschaften haben Gegenseitigkeitsverträge mit ihren Schwesterorganisationen im Ausland geschlossen, um die Ansprüche der ausländischen Urheber und Rechtsinhaber in Deutschland durchzusetzen und gleichzeitig die Voraussetzungen für die Vertretung der Interessen der deutschen Mitglieder dieser Gesellschaften bei Nutzungen im Ausland zu schaffen. Dies ermöglicht, auch Lizenzverträge mit grenzüberschreitend operierenden Verwertern abzuschließen und praktisch weltweit ein engmaschiges Kontrollsystem zu unterhalten.

Die Verwaltungspraxis der Verwertungsgesellschaften hat sich mit der Entwicklung des Kulturmarktes und damit ihrer Aufgabenstellung stark differenziert. So ist z.B. durch Einführung von Rückübertragungsmöglichkeiten von Rechten im Einzelfall das Prinzip des Abschlußzwangs flexibilisiert worden. Ebenso ermöglichen Verwertungsgesellschaften durch Abgabe von Freistellungserklärungen in bestimmtem Umfang auch die Nutzung von Rechten solcher Urheber, die ihnen nicht beigetreten sind; neuere Gesetze sehen dies sogar ausdrücklich vor, so z.B. die Richtlinie der EU zum Kabel- und Satellitenfernsehen.

Mitglied einer Verwertungsgesellschaft werden Berechtigte durch Abschluß eines Wahrnehmungsvertrages; die Mitgliedschaft ist in der Regel kostenlos. Die Verwaltungskosten werden erst bei Auszahlung der Vergütungen verrechnet. Die einzelnen Verwertungsgesellschaften ermitteln Nutzungen teilweise selbst, in anderen Wahrnehmungsgebieten werden Werkanmeldungen und Nutzungsinformationen verlangt, die die Grundlage für die Beteiligung der Berechtigten an Ausschüttungen bilden.

9.6.2 Entwicklung von Verwertungsgesellschaften

Die Entwicklung des Rechts der Verwertungsgesellschaften im europäischen Rahmen beschäftigt auch die Kommission der Europäischen Union, die in ihrem urheberrechtlichen Handlungsprogramm u.a. die Harmonisierung der Grundlagen für die kollektive Wahrnehmung auf die Tagesordnung gesetzt hat, weil sie zurecht davon ausgeht, daß es sich bei diesen Einrichtungen um monopolistisch ausgelegte Unternehmen handelt, deren Struktur je nach Konstellation marktbestimmend oder wettbewerbsverzerrend sein kann.

Unter Berücksichtigung der staatlichen Kontrollmöglichkeiten setzt aber auch die EU-Kommission auf die Rolle starker Verwertungsgesellschaften als verwaltungsermöglichende und -vereinfachende Gruppierungen von Urhebern und Rechtsinhabern, deren Bedeutung im Zeitalter der Massennutzungen wächst: in den Richtlinien zum Kabel- und Satellitenfernsehen, zur Vermietung und in den Entwürfen von Richtlinien zur privaten Vervielfältigung ist ihre Beteiligung als ausschließliche Vertretung der Rechtsinhaber vorgesehen.

Gerade im Hinblick auf Multimedializensierungen, wo Nutzungen von großen Repertoires aus Werken verschiedener Kategorien von Urhebern erfolgen, sind Kooperationen unterschiedlicher Verwertungsgesellschaften erforderlich geworden, um eine einheitliche Lizensierung anbieten zu können. Nach dem Muster der gemeinsamen Lizenzvergabe an Kabelunternehmen wird deshalb innerhalb der Verwertungsgesellschaften an Verfahren zur gemeinsamen Lizensierung von Multimediaprodukten gearbeitet. In Deutschland haben die Urheberverwertungsgesellschaften GEMA, VG Wort und VG Bild-Kunst und die GVL im Jahr 1995 die „Arbeitsgemeinschaft Multimedia" gegründet, deren Ziel es ist, die im jüngsten Weißbuch der Europäischen Union zur Situation der Urheberrechte in der Informationsgesellschaft vorgesehene Clearingstelle zu errichten, durch die Rechtsnutzern der vereinfachte Zugang zu Urheberrechten ermöglicht werden soll. Vermutlich im Jahr 1996 ist mit der Errichtung einer arbeitsfähigen Lizenzstelle für bestimmte Werkgruppen zu rechnen. Die Vorstellung der Verfasser der EU-Richtlinie deckt sich mit der Einschätzung der Verwertungsgesellschaften: Multimedia-Nutzer – also sowohl die Hersteller von „Off-line"-Datenträgern wie CDs in verschiedenen Versionen und die Anbieter von „On-line"-Diensten – verlangen zunehmend vereinfachten und geregelten Zugang zu Rechten, um den Aufwand für die Vorbereitung von Multimedia-Produkten in finanziell vertretbaren Grenzen zu halten. Zur Vermeidung von illegalen Nutzungen bemühen sich deshalb die Verwertungsgesellschaften unter Wahrung der Rechte derjenigen, die nicht von ihnen vertreten werden, Mechanismen zu schaffen, die den Austausch von Leistungen und den Erwerb von Rechten erleichtern.

Neben der Notwendigkeit der Kooperation von Verwertungsgesellschaften verschiedener Urheber- und Leistungsschutzrechtssparten stellt sich auch die Frage der Kooperation dieser Gesellschaften mit sonstigen Rechtsinhabern bzw. die Einbeziehung anderer Rechtsinhaber in die Wahrnehmungsstrukturen der Verwertungsgesellschaften.

10. Rechtsverletzungen (§ 97)

Rechtsverletzungen können nicht nur von den Urhebern verfolgt werden, sondern darüber hinaus von den Inhabern einfacher und exklusiver Nutzungsrechte.

Soweit nur ein einfaches Nutzungsrecht eingeräumt wurde, ist es zweifelsfrei, daß der Urheber neben dem Erwerber dieses Nutzungsrechts tätig werden kann, wenn ein Dritter seine Rechte verletzt; sind jedoch Exklusivrechte eingeräumt worden, so ist es zunächst Sache des Erwerbers dieser Rechte, sich gegen Verletzungen durch Dritte zur Wehr zu setzen. Aber auch hier hat der Urheber ein eigenes Klagerecht, wenn berechtigte Interessen verletzt sind, die durch die exklusive Rechtseinräumung nicht berührt wurden. Häufig werden in solchen Fällen die Rechte der Urheber durch Verwertungsgesellschaften wahrgenommen, deren Tätigkeit sich in der Regel allerdings auf die Geltendmachung von Nutzungsrechtsverletzungen beschränkt, während Eingriffe in Persönlichkeitsrechte nur in Ausnahmefällen und in Verbindung mit Verletzungen von Nutzungsrechten verfolgt werden können (siehe Ziff. 4.6).

Die Ansprüche aus der Rechtsverletzung richten sich gegen denoder diejenigen, die diese Verletzung begangen haben, wobei es im Falle mehrerer Beteiligter den Urhebern überlassen bleibt, sich an denjenigen zu wenden, der für sie am besten erreichbar ist. Ist deshalb z.B. eine illegale Reproduktion im Ausland vorgenommen worden, so muß sich derjenige, dessen Rechte verletzt wurden, nicht auf einen Produzenten jeseits der Grenzen verweisen lassen; er kann seinen Anspruch gegen den Verbreiter und Vertreiber in Deutschland richten und sich damit seine Rechtsverfolgung erleichtern. Selbst wenn der Erwerber eindeutige Verträge hat und in gutem Glauben gehandelt hat, kann er den Berechtigten nicht auf seinen Vorlieferanten verweisen.

10.1 Schadensersatz und Unterlassung

Im Falle von Rechtsverletzungen haben die Rechtsinhaber Unterlassungsansprüche – die sich gegen die Fortsetzung der Verbreitung von illegal hergestellten Reproduktionen bzw. gegen die sofortige Einstellung nicht zulässigen Nutzungen richten –, weiterhin einen Auskunftsanspruch, der die Grundlage für die Geltendmachung von Schadensersatzansprüchen bietet und dem Verletzer aufgibt nachzuweisen, in welchem Umfang er ungenehmigte Nutzungen vorgenommen hat, neuerdings erweitert um die Verpflichtung, die Hersteller von Raubdrucken und Raubkopien zu nennen und dazu beizutragen, daß durch Zollbehörden bzw. Grenzorgane die Einfuhr von ungenehmigt hergestellten Produkten unterbunden werden kann. Schließlich kann der Urheber auch einen Beseitigungsanspruch haben, wenn es sich um Rechtsverletzungen handelt, deren Folgen beseitigt werden können, also z.B. Bearbeitungen oder sonstige Eingriffe in Kunstwerke.

Der wesentliche wirtschaftliche Anspruch ist der Schadensersatzanspruch, dessen Durchsetzung allerdings Verschulden des Rechtsverletzers voraussetzt, wobei einfache Fahrlässigkeit als Voraussetzung ausreicht. Derjenige also, der hätte wissen können bzw. bei einiger Anstrengung seiner wirtschaftlichen und ökonomischen Kenntnisse hätte bemerken können, daß er fremde Rechte verletzt, macht sich schadensersatzpflichtig. Die Grenze der Fahrlässigkeit ist insbesondere bei unternehmerisch tätigen Personen schnell erreicht, weil man von diesen erwartet, daß sie die mit ihrem Geschäftsbetrieb zusammenhängenden rechtlichen Konsequenzen übersehen.

Zur Berechnung des Schadens hat die Rechtsprechung drei Modelle entwickelt, die dem Verletzten zur Auswahl zur Verfügung stehen: Zunächst kann er den entgangenen Gewinn einklagen, der ihm bei eigener Verwertung entstanden wäre; Voraussetzung ist allerdings der entsprechende Nachweis. In der Regel wird jedoch die entgangene Lizenzgebühr verlangt, die sich aus entsprechenden Tarifen oder aus Unterlagen des Verletzten ergibt, die zeigen, in welcher Höhe oder zu welchen Bedingungen er üblicherweise Lizenzen vergibt. Die übliche Vergütung kann das Gericht im Einzelfall auch durch Gutachten oder Vergleich mit anderen Nutzungsentgelten berechnen. Der Verletzte kann schließlich auch den Gewinn herausverlangen, den der Verletzer im konkreten Fall erzielt hat; dies kann unter Umständen günstiger sein als die Geltendmachung des entgangenen Lizenzerlöses. Zu beachten ist allerdings, daß bei der Ermittlung des Gewinns auch die Aufwendungen des Verletzers in Rechnung gestellt werden können.

Für den Fall, daß Persönlichkeitsrechte verletzt wurden, werden in bestimmten Bereichen der Rechtsverletzung, z.B. bei der unberechtigten Verwendung von Fotos ohne Nennung des Autors, pauschale Zuschläge in Höhe von 100% zuerkannt; entsprechend hohe Zuschläge werden immer häufiger auch dann angewendet, wenn ungenehmigte Bearbeitungen oder Entstellungen in Verbindung mit der Rechtsverletzung vorgenommen wurden.

Der verletzte Rechtsinhaber kann zusätzlich die Kosten der Rechtsverfolgung geltend machen, zu denen auch der Erwerb von Belegexemplaren oder ähnlichen Kontrollmedien zählt; sofern Verwertungsgesellschaften auf der Seite der Rechtsinhaber in die Verfolgung eingeschaltet sind, machen sie mit Zustimmung der Gerichte zumindest in bestimmten Fällen pauschale Zuschläge in Höhe von 100% des Schadensersatzes geltend, um ihren Kontrollaufwand pauschal in Rechnung zu stellen. Insbesondere die unberechtigte Nutzung von Musikwerken, deren Inhaber die GEMA umfassend vertritt, wird mit dieser Sanktion belegt. Zunehmend wird auch die Verletzung von Bildrechten, soweit die VG Bild-Kunst eingeschaltet ist, mit einem ähnlichen pauschalen Zuschlag für die Kontrolle belastet.

10.2 Rechtsweg

Für die Durchführung von urheberrechtlichen Streitverfahren bestehen bei den Zivilgerichten – die mit den häufig komplizierten urheberrechtlichen Rechtsstreitigkeiten in der Regel überfordert sind – zumindest in den „alten" Bundesländern Spezialzuständigkeiten, wonach in den jeweiligen Oberlandesgerichtsbezirken ganz bestimmte Landgerichte über Urheberkammern verfügen, deren Schwerpunkt im Bereich des gewerblichen Rechtsschutzes und des Urheberechts liegt und die deshalb über sachkundige Richter verfügen, um urheberrechtliche Streitigkeiten aufzuarbeiten. Die Auswahl des Gerichts wird dem verletzten Urheber dadurch erleichtert, daß er den Verletzer an jedem Ort verklagen kann, an dem die Rechtsverletzung deutlich wird: der Rechtsstreit gegen einen Verlag kann also an jedem Ort begonnen werden, an dem die streitige Publikation vertrieben wird. Dies ermöglicht die Auswahl eines besonders spezialisierten Gerichts oder die prozeßtaktische Variante, daß der Beklagte gezwungen wird, sich außerhalb seines Geschäftssitzes vor einem Gericht in einer fremden Umgebung zu stellen und sich dort vertreten zu lassen.

11. Verjährung und Verwirkung (§ 102)

Der Geltendmachung von Ansprüchen auf Schadensersatz, Unterlassung oder Beseitigung kann der Verletzer dann entgegentreten, wenn zwischen der Rechtsverletzung und der Geltendmachung des Anspruchs ein bestimmter Zeitraum liegt, den das Gesetz für unterschiedliche Rechte genau bestimmt hat. In diesem Falle kann sich der Verletzer auf „Verjährung" berufen. Damit wird zwar der Anspruch selbst nicht beseitigt, aber die Durchsetzung der Schadensersatz-, Unterlassungs- und Beseitigungsansprüche verhindert.

Im Falle von Verletzungen des Urheberrechts beträgt die Verjährungsfrist drei Jahre von dem Zeitpunkt an, in dem der Berechtigte – also der Urheber oder der Inhaber eines übertragenen Nutzungsrechts – von der Verletzung und der Person des Verletzers Kenntnis erlangt hat; hat er keine Kenntnis erlangt, verjährt ein Schadensersatzanspruch dennoch spätestens nach Ablauf von 30 Jahren.

Das Eintreten der Verjährung kann aufgeschoben, die Verjährungsfrist also unterbrochen werden. Erforderlich ist, daß der zur

Zahlung Verpflichtete die Forderung anerkennt, etwa durch eine eindeutige und dokumentierte Erklärung, oder durch Abschlagszahlungen. Mit jeder derartigen Handlung wird erneut die ganze Verjährungsfrist in Gang gesetzt. Wer also nach einem Schadensfall eine kleine Anzahlung oder ein Anerkenntnis akzeptiert und weitere drei Jahre nichts unternimmt, um seinen Anspruch zu sichern, muß sich danach „Verjährung“ entgegenhalten lassen.

Unterbrochen wird die Verjährung auch durch Klageerhebung oder Zustellung eines Mahnbescheides. Wird die Klage rechtskräftig entschieden bzw. ein Vollstreckungsbescheid erlassen, wird dadurch eine neue Verjährungsfrist von dreißig Jahren in Gang gesetzt.

Die vorstehenden Äußerungen beziehen sich nur auf die Verjährung von Ansprüchen aus dem Urheberrecht. Neben den urheberrechtlichen Schutzfristen bestimmt das Bürgerliche Gesetzbuch (§ 196) kurze (zweijährige) Verjährungsfristen für Geschäfte des täglichen Lebens, die insbesondere für das wirtschaftliche Handeln der Museen von Bedeutung sind.

Ungeachtet der kurzen dreijährigen urheberrechtlichen Verjährungsfrist, die sich gegen Ansprüche aus Urheberrechtsverletzung richtet, bleiben dem Verletzten jedoch Ansprüche auf Erstattung der geldwerten Vorteile, die der Verletzer durch die Rechtsverletzung erhalten hat, also materielle Bereicherung. Diese Ansprüche verjähren nach den allgemeinen Regeln des Bürgerlichen Gesetzbuches erst 30 Jahre nach Eintritt der Verletzungshandlung.

In der Praxis bedeutet dies also, daß ein Urheber zwar keine Schadensersatz-, Unterlassungs- oder Beseitigungsansprüche mehr verlangen kann, wenn er von dem Eingriff in seine Rechte mehr als drei Jahre lang Kenntnis gehabt und nichts unternommen hat, um die Verjährung zu unterbrechen. Es bleibt ihm aber immer noch nach den allgemeinen Regeln des Bürgerlichen Gesetzbuches die Geltendmachung des „Bereicherungsanspruchs“ gegen den Schädiger. Dieser kann dann allerdings unter Umständen und bei Vorliegen bestimmter Voraussetzungen geltend machen, daß der erlangte Vorteil nicht mehr besteht; er ist dann auch nicht mehr zur Herausgabe verpflichtet.

Gegen die Geltendmachung von Ansprüchen aus Urheberrechtsverletzungen kann der Schädiger schließlich unter bestimmten Umständen geltend machen, daß der Anspruch des Geschädigten „verwirkt“ ist. Verwirkung liegt dann vor, wenn der Geschädigte bei fortgesetzten Rechtsverletzungen, von denen er Kenntnis hatte, über einen längeren Zeitraum nicht nur keine Einwände geltend gemacht hat, sondern zu erkennen gegeben hat, daß er mit der Rechtsverletzung einverstanden sei. Dies kann z.B. der Fall sein, wenn im Vertrauensverhältnis von Bekannten ein Partner die Rechte des anderen zwar ohne förmliche Rechtseinräumung, aber mit Duldung des anderen über einen längeren Zeitraum hin nutzt. Tritt dann ein Bruch der freundschaftlichen Beziehung ein mit der Folge, daß der Urheberrechtsinhaber nun, gestützt auf die Vorschriften des Urheberrechts oder des Bürgerlichen Rechts, seine Ansprüche geltend macht, so kann ihm der Schädiger zumindest bis zum Zeitpunkt der Geltendmachung „Verwirkung" entgegenhalten. Für die verbleibende Verjährungsfrist kann er dann jedoch, je nach Lage der Dinge, gezwungen sein, die Duldungs- und Beseitigungsansprüche zu erfüllen bzw. Schadensersatz zu leisten oder den durch eine Bereicherung im zivilrechtlichen Sinne erlangten Vermögensvorteil aus der Nutzung des verletzten Rechts zurückzuzahlen.

12. Schutz der Urheberrechte im Ausland, insbesondere in den USA

Vom bisher dargestellten Konzept des Urheberrechts als „Menschenrecht", also als Ausfluß der menschlichen Persönlichkeit, unterscheidet sich grundsätzlich ein anderes urheberrechtliches Prinzip, das in den sog. „Copyrightländern", vor allem in den USA und Großbritannien vorherrschend ist. Das amerikanische Recht ging seit Gründung der Vereinigten Staaten von dem Grundsatz aus, daß es sich bei einem Urheberrecht um ein „Privileg" handelte, das im Rahmen bestimmter formaler Verfahren vom Staat dem jeweiligen Urheber eingeräumt werden mußte. Voraussetzung für den Erwerb urheberrechtlichen Schutzes in den Vereinigten Staaten durch den Werkschöpfer selbst oder den Auftraggeber eines Künstlers war deshalb bis zum 1. März 1989 die Kennzeichnung jedes Werkoriginals bzw. jedes Vervielfältigungsstücks eines Werks (etwa eines Buches oder einer Filmkopie) mit dem „Copyright-Vermerk". Dessen Symbol, das c, hat sich weltweit durchgesetzt und wird auch losgelöst von der rechtlichen Bedeutung, die die Verwendung dieses Zeichens in den USA hatte, noch heute angewandt, z.B., um auf den Erwerb eines Urheberrechts von einer Verwertungsgesellschaft hinzuweisen. Wichtig ist jedoch, daß allein in den USA die Verwendung des Copyright-Zeichens rechtsbegründende Bedeutung hatte, während es in den anderen Ländern lediglich hinweisenden Charakter hat.

Zum wirksamen Erwerb eines Copyrights mußten also alle Kunstwerke und Texte, die urheberrechtlichen Schutz beanspruchten, in den Vereinigten Staaten zum einen mit dem Copyright-Zeichen, dem Jahr der Veröffentlichung und dem Namen des Urhebers entweder im Vervielfältigungsstück (in dem Buch) oder auf dem Werkoriginal (dem Gemälde) versehen werden, um urheberrechtlichen Schutz zu erhalten. Darüber hinaus mußten diese Werke bei der Kongreßbibliothek in Washington registriert werden, damit der Schutz wirksam wurde.

Verständlicherweise wurden diese Formvorschriften bei zahlreichen nicht-amerikanischen Werken, die in die Vereinigten Staaten eingeführt wurden, nicht beachtet; Konsequenz war, daß für all diese Werke in den Vereinigten Staaten kein urheberrechtlicher Schutz begründet wurde.

Deshalb haben zahlreiche prominente europäische Künstler ihren urheberrechtlichen Schutz in den Vereinigten Staaten für diejenigen Werke niemals erhalten, die sich in den Sammlungen großer Museen befinden und von diesen umfangreich kommerziell genutzt werden. Für derartige Nutzungen sind in den Vereinigten Staaten weder Nutzungsgenehmigungen noch die Beachtung urheberpersönlicher Vorschriften erforderlich. Allerdings können auch Museen, die diese Werke besitzen, allein aus dem Eigentum keine exklusiven Nutzungsrechte ableiten – was sie gelegentlich versuchen –, da die Werke keinem Urheberrechtsschutz unterfallen.

Diese Regel kennt allerdings einige Ausnahmen, die auf der komplizierten urheberrechtlichen Vertragslage zwischen den USA und Deutschland beruhen. Erstveröffentlichungen von Werken, die in den USA nach dem 16.09.1955 vorgenommen wurden, waren unzulässig, wenn es sich um Werke handelte, die nach US-Recht nicht „erschienen" waren (vgl. Ziff. 4.6.1), also z.B. ohne Willen und Wissen der Künstler veröffentlicht wurden. Diese Voraussetzung dürfte in der Praxis selten vorliegen,weil die importierten Werke meist in Europa veröffentlicht waren, bevor sie in den USA erneut publiziert wurden. Mit dieser vorangehenden europäischen Erstveröffentlichung war ein weiterer Rechtsschutz in den USA ohne Registrierung ausgeschlossen.

Selbst solche Werke, die bei ihrer Erstveröffentlichung in den Vereinigten Staaten mit dem erforderlichen urheberrechtlichen Schutzvermerk versehen waren und bei der Kongreßbibliothek registriert wurden, konnten ihren Schutz leicht verlieren, weil bis zum Jahr 1978, in dem eine Urheberrechtsreform in den USA vorgenommen wurde, der Schutz sich nur auf 28 Jahre bezog und vor Ablauf dieser Frist für einen weiteren Schutzzeitraum von 28 Jahren durch schriftlichen Antrag bei der Kongreßbibliothek verlängert werden mußte. Wurde dieser Verlängerungsantrag nicht gestellt, erlosch bzw. erlischt das Urheberrecht mit Ablauf der ersten Schutzfrist. Seit 1978 gilt in den Vereinigten Staaten eine vereinfachte, einheitliche Schutzfrist von 50 Jahren.

Seit dem 1.01.1978 ist durch Änderung der US-Gesetzgebung auch das Registrierungsgebot für europäische Urheber und Werke entfallen. Sofern ein nach diesem Datum eingeführtes Werk den Copyright-Vermerk trug, war es urheberrechtlich geschützt. Die Registrierung war jedoch erforderlich, wenn um das Werk ein urheberrechtlicher Prozeß geführt werden sollte – in diesem Fall mußte sie nachgeholt werden.

Zum 1. März 1989 änderte sich die Situation grundlegend. Zu diesem Datum wurde der Beitritt der USA zur weltumspannenden „Revidierten Berner Übereinkunft“ wirksam, einem internationalen urheberrechtlichen Abkommen, das auf der gegenseitigen Anerkennung der Urheberrechte der Mitglieder der jeweiligen Vertragsstaaten beruht. Damit entfiel auch die Formvorschrift der Kennzeichnung eines Werkes. Für alle Werke, die nach dem 1.03.1989 in die Vereinigten Staaten eingeführt wurden, besteht also seither automatisch Rechtsschutz, sofern die Werkurheber Mitglieder eines Vertragsstaates der Berner Übereinkunft sind, auch wenn sie keinen Copyright-Vermerk tragen. Werke, die vor diesem Datum ohne Copyright-Vermerk in den USA veröffentlicht worden waren, konnten innerhalb von fünf Jahren durch Registrierung nachträglich Urheberrechtsschutz erlangen.

Für die Zukunft empfiehlt es sich dennoch, Werke, die in die Vereinigten Staaten eingeführt werden, mit der vollständigen Copyright-Bezeichnung – c, Jahr, Name des Urhebers – zu versehen, um Einwendungen von Rechtsnutzern entgegenzutreten, die Werke ausländischer Urheber ohne Einholung der erforderlichen Genehmigung nutzen und sich zu ihrer Verteidigung darauf berufen, daß die Copyright-Angabe gefehlt habe; die Rechtsverfolgung wird in jedem Falle durch eine derartige vollständige Bezeichnung erleichtert.

Den stärksten Schutz im Falle eines Urheberrechtsprozesses in den USA verschafft immer noch die Registrierung auf freiwilliger Basis. Sie wird deshalb zumindest für solche Werke, die einen erheblichen wirtschaftlichen Wert repräsentieren, auch weiterhin angeraten.

Eine weitere Verbesserung ergibt sich durch die Ratifizierung des GATT-Abkommens durch die Vereinigten Staaten von Amerika, das sich nicht nur auf die Liberalisierung des Handels mit Wirtschaftsgütern bezieht, sondern in seinem besonderen, „TRIPS“ genannten Teil speziell die Internationalisierung des Handels mit Urheberrechten und gewerblichen Schutzrechten regelt. Nach den neuen Regelungen des US-Rechts zur Umsetzung des GATT-Abkommens lebt der Schutz für solche Werke von Urhebern aus fremden Staaten in den Vereinigten Staaten zum 1.01.1996 wieder auf, die mangels Registrierung bisher nicht geschützt waren oder mangels Erneuerung der Schutzrecht abgelaufen ist.

Der Rechtsschutz läuft endgültig mit Ablauf der amerikanischen Schutzfrist aus, also 50 Jahre nach dem Tod, sofern der Heimatstaat des Urhebers eine mindestens ebenso lange Schutzfrist anerkennt.

Zur Geltendmachung der aufgelebten „Urheberrechte“ gegenüber Nutzern, die bereits in der Vergangenheit Nutzungen eingeleitet haben, ist es jedoch erforderlich, daß die Urheber – oder ihre Rechtsnachfolger – aus Mitgliedsstaaten der Berner Union ihre Urheberrechte entweder den Nutzern gegenüber förmlich geltend machen oder zur Eintragung beim Registrar of Copyright (Bibliothek des Kongresses in

Washington) anmelden. Ohne diese schriftliche Geltendmachung bzw. Registrierung sind wieder aufgelebte Rechtsansprüche nicht durchsetzbar. Über formale Einzelheiten der Reaktivierung der Rechte unterrichtet ein Dokument des Copyright Office der USA, veröffentlicht im Amtsblatt (Federal Register) vom 29.09.1995.

Schwierig erscheint derzeit noch, gerade im Hinblick auf das Lebenswerk bildender Künstler, jedes einzelne Kunstwerk aufzulisten, sein Schöpfungsjahr festzuhalten und dieses – jeweils gegen Entrichtung einer Registrierungsgebühr – bei der Kongreß-Bibliothek anzumelden; interessierte Kreise versuchen deshalb, die Gesamtregistrierung von künstlerischen Oeuvres zu ermöglichen. Ob diesen Versuchen Erfolg beschieden sein wird, ist derzeit noch offen.

Zusammenfassend läßt sich festhalten, daß zumindest für solche Kunstwerke, die nach dem 1.03.1989 in die Vereinigten Staaten eingeführt wurden, zumindest für die Zukunft ein Rechtsschutz besteht, der dem in Europa in etwa gleicht; eine wesentliche Benachteiligung, die sich aus dem eingangs geschilderten „Copyright-Prinzip" ergab, ist damit beseitigt worden. Sicherlich werden aus der Nachregistrierung in der Praxis große Schwierigkeiten erwachsen, weil der amerikanische Markt verständlicherweise kein großes Interesse hat, Werke, die bisher frei zugänglich waren und genutzt werden konnten, zukünftig als geschützte Werke zu respektieren. Die einschlägigen Gesetze sehen daher auch großzügige Übergangsregelungen für bereits begonnene Nutzungen vor.

Im Gegensatz zu den Besonderheiten des Rechtsschutzes in den Vereinigten Staaten unterscheiden sich die europäischen Rechtsordnungen nur geringfügig: in Einzelfällen ist der Schutz von Werken, die sich bleibend im öffentlichen Raum befinden, im Gegensatz zur deutschen Regelung nicht eingeschränkt (so z.B. in Frankreich); in anderen Ländern, wie in Österreich, ist die Katalogfreiheit eher eingeschränkt. Im Zweifelsfall empfiehlt es sich, vor der Inanspruchnahme von Ausnahmevorschriften in anderen Ländern rechtliche Beratung einzuholen oder bei den zuständigen Verwertungsgesellschaften Informationen abzufragen.

III. Teil
Museen und Rechtsnutzung

Der Umgang von Museen mit fremden Rechten erfolgte bisher in einer Situation, in der die Rolle des Museums im wesentlichen dadurch charakterisiert war, daß es als Nutzer fremder Rechte in Erscheinung trat: als Produzent und Zulieferer für Verwendungen im Print- oder Sendebereich, in denen Werke genutzt wurden, deren Rechte entweder bei museumsfremden Personen lagen, nämlich den Urhebern oder ihren Nachlässen, oder gemeinfrei waren. Hinzu kamen Text- und Fotorechte von Museumsmitarbeitern.

Die Einführung neuer Informationstechnologien und der Aufbau der Informationsgesellschaft sowie die zu erwartende Zunahme der Nachfrage nach „Software", also nach Material zur Ausnutzung der Speicher- und Übertragungskapazitäten und neuer Programmangebote verändert diese Rolle dahingehend, daß viel stärker als zuvor eigene Rechtspositionen der Museen, seien sie urheberrechtlich oder zivilbzw. öffentlich-rechtlich begründet, ins Spiel kommen und beachtet werden müssen. Im Hinblick auf Multimedia-Nutzungen wird also die Rolle des Museums als Rechtsinhaber stärker betont, als dies in der Vergangenheit der Fall war, auch wenn die Nutzung von Rechten im Multimedia-Zeitalter selbst, wie zuvor dargestellt, im Prinzip weitgehend auf bereits bestehende gesetzliche Regelungen zurückzuführen ist. Aus dieser erweiterten Position der Museen ergeben sich materielle Konsequenzen, die zu beachten sind.

Im folgenden sollen in Anlehnung an die Praxis typisierte Nutzungsvorgänge untersucht werden, in denen zunächst das Museum schwerpunktmäßig Nutzer von Rechten ist; im Anschluß daran werden Nutzungsvorgänge dargestellt, in denen das Museum auch als Inhaber eigener Rechte ins Spiel kommt. Anschließend daran werden Vorschläge zur sinnvollen und effizienten Verwaltung der Rechte im Multimedia-Zeitalter dargelegt.

1. Museen als Rechtsnutzer

1.1 Aufnahme der Abbildungen von Sammlungsstücken in Archive und Datenbanken

Die Aufnahme von Reproduktionen in ein Bildarchiv oder eine elektronische Datenbank berührt die Reproduktionsrechte der Rechtsinhaber an Kunstwerken, Fotografien oder audiovisuellen Werken, Texten und Musikstücken, sofern es sich bei den Sammlungsgegenständen um geschützte Werke im Sinne des Gesetzes handelt.

Eine Vervielfältigung ohne Einwilligung der Rechtsinhaber ist gem. § 53 Abs. 2 Ziff. 2 zulässig, wenn es sich um eine Vervielfältigung von Stücken handelt, die im Eigentum des Museums oder der Sammlung stehen, und ausschließlich für eigene Archivzwecke verwendet werden sollen (vgl. II. Teil, Ziff, 7.1 und 8.1).

Die Aufnahme der Reproduktion eines Kunstwerks aus dem Sammlungsbestand eines Museums in ein Bildarchiv mit dem Ziel, die Reproduktion Dritten zur Nutzung anzubieten, überschreitet die zulässige und genehmigungsfreie Nutzung und stellt genau genommen, sofern die Genehmigung des Urhebers nicht vorliegt, eine Rechtsverletzung dar. Allerdings wird man in diesem Falle in der Praxis dann von einer stillschweigenden Vereinbarung mit dem Urheber des Sammlungsstückes ausgehen können, wenn dieser das Sammlungsstück selbst dem Museum übergeben hat und weiß, daß es auch als Bilddokument archiviert wird. Er wird auch ein Interesse an der Weitergabe der Werkabbildungen haben, sofern sichergestellt ist, daß Erwerber des Bildmaterials vor Nutzung die entsprechenden Rechte bei ihm oder seiner Verwertungsgesellschaft einholen. In der Praxis der meisten Bildarchive von Museen wird bereits in den allgemeinen Geschäftsbedingungen auf diesen Umstand und den notwendigen Rechtserwerb hingewiesen, ebenso bei den meisten privatwirtschaftlich betriebenen Bildagenturen.

Eine Einzelfallprüfung kann jedoch ratsam sein, da es namhafte Künstler und Nachlässe gibt, die entweder aus eigener Überzeugung oder aufgrund testamentarischer Bindungen grundsätzlich keine Reproduktionsgenehmigungen erteilen; die Weitergabe von Abbildungen würde in diesen Fällen den Interessen der Werkschöpfer widersprechen und Rechtsverletzungen begünstigen, die nicht im Interesse der Urheber liegen.

Neben den Rechten der abgebildeten Kunstgegenstände sind selbstverständlich insbesondere beim Erwerb von fremdem Bildmaterial die Rechte der Fotografen dieser Werke gesondert zu beachten, vor allem, wenn die zu archivierenden Abbildungen nicht vom Fotografen selber und mit einer entsprechenden Vereinbarung über das

Fotografenurheberrecht erworben werden. In diesem Falle sollte ein entsprechender Hinweis auch auf die Fotografenrechte erfolgen.

Bei Fotos, die lebende Personen erhalten, sind ggf. auch die oben – (II. Teil, Ziff. 2.8.4) beschriebenen Rechte am eigenen Bild zu beachten.

1.2 Aufnahme von Sammlungsstücken und Archivmaterial in Datenbanken

Die Übertragung eigenen Archivmaterials in eine eigene elektronische Datenbank ist dann eine Reproduktion, wenn die Datenbank nachträglich eingerichtet wird, es sich um Material handelt, das nicht aus Abbildungen des Sammlungsgutes besteht und die spätere Digitalisierung beim Erwerb des Materials nicht vereinbart war. Wird dagegen ein Sammlungsgegenstand nur in eine elektronische Datenbank aufgenommen, die neben einem herkömmlichen Bildarchiv einrichtet wird, so handelt es sich um eine zulässige Reproduktion, wenn die Voraussetzungen des § 53 Abs. 2 Ziff. 2 vorliegen.

Die Aufnahme von Fremdmaterial, das urheberrechtlich geschützt ist, in eine elektronische Datenbank stellt ebenfalls einen Reproduktionsvorgang dar, der die Urheberrechte der ursprünglichen Bildurheber berührt.

Darüber hinaus ist jede Veränderung eines eingespeicherten Werks in einer Datenbank im urheberrechtlichen Sinne eine Bearbeitung, die ebenfalls nur mit Genehmigung des ursprünglichen Werkurhebers zulässig ist.

1.3 Aufnahme von fremdem Material in Archive und Datenbanken

Soweit ein Museumsarchiv Abbildungen von Werken, die nicht zu seiner Sammlung gehören, selbst herstellt und archiviert (bzw. soweit im Gegensatz zum vorherigen Fall die Einwilligung in die Archivierung nicht vorliegt), ist es erforderlich, eine entsprechende Reproduktionsgenehmigung des Werkinhabers oder seiner Rechtsnachfolger einzuholen.

Wird lediglich eine bereits vorhandene und mit Genehmigung verbreitete Reproduktion eines Werkes – also ein Poster oder ein Kunstdruck oder eine andere Publikation, die Abbildungen enthält – einem Archiv eingegliedert, muß keine Genehmigung eingeholt werden, sofern das Vervielfältigungsexemplar unverändert verwendet wird. In diesem Falle ist, wie oben (II. Teil, Ziff. 5.1) dargestellt, mit der Lizensierung des Posters oder Buches durch den Urheber das Verbreitungsrecht erloschen; jeder kann derartige Reproduktionen erwerben und für seine privaten Zwecke verwenden. Soll jedoch eine auf diese Weise erworbene Reproduktion digitalisiert und einer elektronischen Datenbank eingegliedert werden, handelt es sich um eine erneute Reproduktion, für die die entsprechenden Nutzungsrechte beim Urheber oder seiner Verwertungsgesellschaft eingeholt werden müssen.

Erwirbt das Archiv die Reproduktion eines sammlungsfremden Stücks mit der Absicht, dieses später durch Digitalisierung oder Anfertigung weiterer Reproduktionen ebenfalls zu nutzen, so ist daher äußerste Sorgfalt geboten: es ist deshalb ohne Genehmigung nicht zulässig, eine von Dritten angekaufte Fotografie oder ein sonstiges geschütztes Werk – Buch, Tonträger etc. – in eine Datenbank zu übernehmen, ohne die entsprechenden Reproduktionsrechte zu erwerben. Es ist deshalb erforderlich, sich vom Hersteller oder Veräusserer diese Nutzungsmöglichkeit ausdrücklich bestätigen zu lassen. Die Erfahrung lehrt, daß insbesondere Hersteller aus dem Ausland, in dem andere Gesetze gelten mögen, äußerst freigebig mit der Weitergabe von Reproduktionsgenehmigungen verfahren, ja selbst behaupten, die weitere Reproduktion bzw. Digitalisierung sei zulässig. Derartige Erklärungen, wenn sie keine rechtliche Grundlage haben, sind wertlos, da ein gutgläubiger Erwerb von Urheberrechten vom Gesetz her ausgeschlossen ist (vgl. II. Teil, Ziff. 9.4). Eine solche Erklärung des Veräußerers kann aber zumindest der Begründung von Schadensersatzansprüchen für den Fall dienen, daß zu einem späteren Zeitpunkt der Eigentümer der Urheberrechte seine Ansprüche gegen das Museum geltend machen sollte.

Beabsichtigt ein Archiv, Reproduktionen oder Datenbankinhalte, die es zulässigerweise erstellt oder gesammelt hat, an Dritte weiterzugeben, so sollten diese Dritten darauf hingewiesen werden, daß Nutzungsrechte vom abgebenden Archiv nicht eingeräumt werden können und daß die Erwerber deshalb gehalten sind, vor jeder weiteren, urheberrechtlich relevanten Verwendung – erneute Reproduktion, Einspeisung in Netzwerke, Veröffentlichung etc. – die entsprechenden Rechte beim ursprünglichen Rechtsinhaber, also dem Urheber des Originalwerks oder seiner Verwertungsgesellschaft, einzuholen.

1.4 Archivierung von Fotografien

Für Fotografien, die dem urheberrechtlichen Schutz unterliegen, gelten keine Besonderheiten. Soweit Fotografien, die keine Kunstwerke enthalten, nach Ablauf der Schutzfrist erworben werden, steht ihrer Nutzung nichts im Wege. Anders könnte es nur sein, wenn der Veräußerer im Veräußerungsvertrag mit dem Archivbetreiber besondere zivilrechtliche Vereinbarungen getroffen hätte, die die Nutzung einschränken. Derartige Vereinbarungen können auch abgeschlossen werden, wenn Urheberrechte nicht mehr bestehen.

Beim Erwerb von Fotografien muß allerdings besondere Aufmerksamkeit auf die insbesondere durch die EU-Harmonisierung sehr komplizierten Schutzfristfragen gerichtet werden: Dabei ist insbesondere zu beachten, daß Schutzrechte an Fotografien zum 1.7.1996 erneut entstanden sein können (vgl. II. Teil, Ziff. 2.8.3). Bei Urhebern, die die Staatsangehörigkeit der DDR hatten, ist dagegen zu beachten, daß ihre Schutzfrist 50 Jahre betrug; diese Fotografien sind mithin zum 1. Januar 1960 nicht gemeinfrei geworden. Weiter kompliziert wird die Angelegenheit dadurch, daß seit dem 1.7.1995 Fotografien solcher ausländischer Urheber, die in ihrem jeweiligen Land länger geschützt waren als ihre deutschen Kollegen – z.B. Franzosen, die eine gesetzliche Schutzfrist von 50 Jahren in Anspruch nehmen konnten –, nach Inkrafttreten der Urheberrechtsreform auch in

Deutschland erneut geschützt werden, und zwar nun mit der vollen gesetzlichen Schutzfrist, die erst 70 Jahre nach dem Tod des Fotografen endet. Werke des Fotografen Brassaï, der 1984 gestorben ist, sind deshalb ab dem 1.07.1995 in Deutschland bis zum 31.12.2054 geschützt. Bis zum 30.06.1995 waren sie urheberrechtsfrei, weil der Schutz von Brassaï für Fotos, die vor dem 1.01.1960 veröffentlicht worden sind, in Deutschland aufgrund der vor dem 30.06.1995 geltenden Regeln erloschen war (vgl. oben, II. Teil, Ziff. 2.8.3). Jede Nutzung dieser Fotos ist deshalb im Rahmen der Übergangsvorschriften nachträglich zu lizensieren, soweit sie vor Inkrafttreten des Gesetzes begonnen wurde. Jede neue Nutzung ist genehmigungspflichtig.

1.5 Archivierung urheberrechtsfreier Werke

Wird ein Sammlungsstück archiviert, das urheberrechtsfrei ist, so ist dennoch zu beachten, daß der Fotograf dieses Sammlungsstücks eigene Urheberrechte haben kann, wenn seine Schutzfrist nicht ebenfalls abgelaufen ist; soweit er angestellter Fotograf des Archivs oder der Sammlung ist, werden die erforderlichen Nutzungsrechte in der Regel im Rahmen des Anstellungsvertrags vom Archiv oder Betreiber der Sammlung erworben worden sein, einschließlich der zusätzlichen Berechtigung, Nutzungsrechte an Dritte, also an die Kunden des Archivs weiterzugeben.

1.6 Anfertigung von Reproduktionen von Reproduktionen

Ist das Schutzrecht eines Archivfotos abgelaufen, kann dessen Schutzfrist nicht dadurch wieder in Kraft gesetzt werden, daß eine archiveigene Reproduktion erstellt wird; hierbei handelt es sich lediglich um ein unselbständiges Werk, das keinen eigenen Schutz gewinnen kann.

1.7 Nutzung urheberrechtsfreien Materials

Sofern Archive Abbildungen erwerben, die im Hinblick auf die Fotografen- wie die Urheberrechte gemeinfrei geworden sind, steht ihnen lediglich die dingliche Verfügungsgewalt über diese Gegenstände zu; sie können mit diesen Abbildungen nach Belieben verfahren und sie nutzen. Sie haben aber auch keine rechtlichen Möglichkeiten, Reproduktionsgenehmigungen im urheberrechtlichen Sinne einzuräumen noch Dritten, die evtl. Vervielfältigungen der gleichen Materialien besitzen oder verwenden, die Nutzung zu untersagen. Es ist deshalb ohne weiteres denkbar und begegnet keinen rechtlichen Bedenken, wenn ein und dasselbe historische Foto von verschiedenen Archiven verwaltet und Dritten zur Nutzung überlassen wird.

1.8 Nutzung des Archivbestands durch andere Archive

Archivmaterialien können, soweit es sich um seltene oder einigartige Vorlagen handelt, auf zivilrechtlicher Basis an andere Archive weitergegeben werden; sofern das abgebende Archiv jedoch daran interessiert ist, sich Exklusivrechte zu sichern, bedarf dies einer eindeutigen vertraglichen Regelung mit dem abnehmenden Archiv, da in diesem Falle, wie in 1.7. beschrieben, auf Urheberrechte nicht mehr zurückgegriffen werden kann. Denkbar sind jedoch eindeutig formulierte Überlassungsverträge, die die Nutzungsmöglichkeiten des Erwerbers z.B. für die eigene Forschung oder für Ausstellungszwecke begrenzen.

1.9 Bildschirmvorführung und Ausstellen von Sammlungs-, Archiv- bzw. Datenbankbeständen

Aus der bisherigen Darstellung (siehe II. Teil, Ziff. 5.2) ergibt sich, daß es gesetzlich ausdrücklich gestattet ist, Kunstwerke, die ein Museum angekauft hat, ohne weitere Erlaubnis des Urhebers auszustellen, wenn nicht beim Ankauf eine besondere Vereinbarung getroffen wurde. Ebenfalls dargestellt wurde, daß geschützte Werke, deren Eigentümer der Sammlungsträger ist, zur Aufnahme in sein eigenes Archiv vervielfältigt werden dürfen, sofern die Nutzung auf die Archivarbeit der Angestellten bzw. Wissenschaftler beschränkt ist.

Wenn jedoch die Inhalte eines Archivs – oder, wenn dieses Archiv digitalisiert worden ist, der entsprechenden elektronischen Datenbank -wiederum öffentlich zugänglich gemacht werden sollen, müssen gesonderte Rechte erworben werden.

„Öffentlichkeit“ im Sinne des Gesetzes ist bereits dann anzunehmen, wenn jeder einzelne Besucher eines Museums den Bildschirm oder ein sonstiges Vorführmedium benutzen kann; nicht erforderlich ist, daß sich mehrere Personen oder ein unbestimmter Personenkreis gleichzeitig vor diesem Bildschirm versammeln (siehe II. Teil, Ziff. 5.4).

Dies heißt konkret, daß sowohl das Ausstellen von Archivmaterialien, die nicht Werke der bildenden Kunst sind, aber vom Gesetz her noch geschützt sind, sowie das Sichtbarmachen von Datenbankinhalten auf Bildschirmen im Zusammenhang mit Besucherinformationssystemen oder didaktischen Erläuterungen zu eigenen Kunstwerken, Nutzungsvorgänge darstellen, die nur mit Zustimmung der Rechtsinhaber zulässig sind.

Insbesondere die Nutzungen elektronischer Datenbanken durch Besucher, die gespeicherte Werke auf Bildschirme aufrufen und ggf. Werkreproduktionen am Printer des Nutzerterminals ausdrucken dürfen, sind ohne Genehmigung der Urheber oder ihrer Verwertungsgesellschaft nicht zulässig.

1.10 Kommerzielle Nutzung von Sammlungsgegenständen in Museumsshops

Die Verbreitung von Reproduktionen geschützter Werke ist in aller Regel an den vorherigen Erwerb der jeweiligen Genehmigung des Rechtsinhabers gebunden; auch dreidimensionale Repliken eines Kunstwerks sind selbstverständlich Reproduktionen im Sinne des Urheberrechtsgesetzes.

Das gilt erst recht für den kommerzialisierten Vertrieb von Repliken und Werkreproduktionen in Museumsshops, seien sie in den Museumsbetrieb eingegliedert oder rechtlich verselbständigt.

Für die Beachtung der Rechte ist nicht nur der Hersteller – der häufig im Ausland sitzt – zuständig, sondern auch derjenige, der die Reproduktion in Deutschland verbreitet, also in der Regel der Betreiber des Museumsshops. Dies hat Konsequenzen beim Vertrieb von Produkten, die nicht lizensiert sind. Der Urheber hat nämlich bei der Verfolgung „illegaler Reproduktionen“ die Möglichkeit, sich entweder an den Hersteller oder an den Verbreiter/Händler zu wenden; er wird deshalb in der Regel seine Ansprüche gegen denjenigen richten, der seinem Rechtskreis am nächsten steht, nämlich den deutschen Museumsshop. Der Museumsshop kann sich seiner Verantwortung nicht dadurch entziehen, daß er den Urheber auf eine Versicherung eines Verkäufers aus dem Ausland verweist, dieser habe die Urheberrechte geklärt; eine derartige Versicherung sollte man sich als Betreiber von Museumsshops jedoch in jedem Falle geben lassen, um später die Ansprüche der Urheber möglicherweise gegen den deutschen Verbreiter durchsetzen zu können – seien es Schadensersatz- oder Unterlassungsansprüche – und im Wege des Regresses gegen den ausländischen Zulieferer geltend zu machen.

In diesem Zusammenhang ist besonders darauf hinzuweisen, daß die großen amerikanischen Museen, die in zunehmendem Umfang als Anbieter von Museumsreproduktionen auftreten, aufgrund der anderen Rechtslage in den Vereinigten Staaten häufig die erforderlichen urheberrechtlichen Genehmigungen für den Vertrieb in Europa nicht eingeholt haben. Zu beachten ist auch, daß Anbieter auf Spezialmessen die Erwerber in vielen Fällen nicht eindeutig über die Rechtslage aufklären. Einen deutlichen Hinweis auf den Erwerb der Urheberrechte, insbesondere bei Museumsrepliken, stellt der „Copyright-Vermerk" der Verwertungsgesellschaften dar, der entsprechend den vertraglichen Vereinbarungen zwischen diesen Gesellschaften und den Nutzern durch Anbringen eines © mit Jahreszahl, Namen des Künstlers und Bezeichnung der Verwertungsgesellschaft deutlich gemacht wird; die Authentizität dieser Verwertungsgesellschaften kann jeweils durch Rücksprache bei den deutschen Verwertungsgesellschaften verifiziert werden. Auch ein derartiger Reproduktionsvermerk schafft jedoch keine absolut sichere Grundlage für einen gutgläubigen Rechtserwerb: Es ist durchaus denkbar, daß geschickte Produzenten derartige Copyright-Vermerke anbringen, um den legalen Rechtserwerb vorzutäuschen; es ist deshalb in einem solchen Falle nicht ausgeschlossen, daß die jeweilige ausländische Verwertungsgesellschaft, vertreten durch die deutsche VG Bild-Kunst, nachweisen kann, daß die Genehmigung im Ausland nicht eingeholt worden ist und den deutschen Verbreiter schadensersatzpflichtig macht.

Im Zusammenhang mit Repliken von Kunstwerken gehen Hersteller mittlerweile immer häufiger dazu über, Produkte anzubieten, die keine Reproduktion bestehender Kunstwerke darstellen, jedoch die Technik und charakteristische Stilelemente bekannter Künstler nachahmen; bekannt geworden sind in diesem Zusammenhang Ohrclips, die Werken der französischen Künstlerin Niki de Saint-Phalle ähneln. Da das Urheberrecht nur konkrete Werkfestlegungen schützt, nicht jedoch Ideen oder bestimmte künstlerische „Handschriften", ist hiergegen wenig zu unternehmen; gesetzlich verboten ist jedoch, derartige Produkte mit dem Namen der nachgeahmten Künstler zu versehen oder auszuzeichnen: Hierdurch wird das Namensrecht der Urheber – von denen diese Werke eben nicht stammen – verletzt, was diese zumindest berechtigt, die Entfernung ihres Namens im Zusammenhang mit der Nachahmung zu verlangen (vgl. II. Teil, Ziff. 5.5.2).

Beliebt ist auch die plastische Ausformung bzw. isolierte Reproduktion von Werkbestandteilen: so hat z.B. das Guggenheim-Museum Gemälden von Marc und Klee Gestaltungselemente – im Falle Marc eine Kuh, im Falle Klee eine froschartige Figur – entnommen und als plastisches Objekt aus Stoff nachgeformt: hierbei handelt es sich um

Urheberrechtsverletzungen in Form von Entstellungen, die die Persönlichkeits- und Reproduktionsrechte der jeweiligen Künstler berühren und nach deutscher Rechtsauffassung eindeutig nicht gestattet sind. Im Falle von Marc sind allerdings die Urheberrechte erloschen, so daß den Nachfahren keinerlei Handhabe zur Abwehr dieser Rechtsverletzung zur Verfügung steht; im Falle von Klee verhält es sich dagegen anders: den Erben steht es frei, zumindest für den Vertrieb in Europa Unterlassung zu verlangen oder eine Lizenz einzuräumen.

Zu beachten ist schließlich, daß die vom Gesetz her zugelassene Reproduktion von Werken, die sich im öffentlichen Raum befinden (vgl. § 59), sich nur auf die zweidimensionale Abbildung – also durch Foto oder grafische Darstellung – beschränkt, nicht jedoch die Wiedergabe in dreidimensionaler Form, zu der auch die Reliefform gehört, gestattet.

2. Museum als Rechtsinhaber

Museen, Archive und Datenbanken, die von der öffentlichen Hand betrieben werden, werden traditionsgemäß als Bildungseinrichtungen und Bestandteile der öffentlichen Daseinsvorsorge vom Publikum in Anspruch genommen. Der Besucher hat je nach Ausgestaltung des Benutzungsverhältnisses im Museum bestimmte rechtliche Möglichkeiten im Zusammenhang mit dem Besuch, die anschließend erläutert werden sollen.

2.1 Die Rechtsposition der Museen

Inwieweit auch wirtschaftliche Nutzungen der Sammlungsgegenstände durch Dritte uneingeschränkt oder in eingeschränktem Umfang ermöglicht werden können und müssen und welche Gegenleistung hierfür gefordert werden darf, ist Gegenstand eines lang andauernden

Streits zwischen Trägern von Museen einerseits und kommerziellen Nutzern andererseits, insbesondere Verlegern, Sendeunternehmen und anderen Produzenten.

Kommerzielle Nutzer haben deshalb mit dem Hinweis auf die überwiegend immer noch öffentlich-rechtliche Struktur der Museumssammlungen versucht, Zugangsmöglichkeiten zu erstreiten und hierbei die Gerichte bemüht; gleichzeitig haben sich die Kultusministerien der Bundesländer im Rahmen der Beratungen des Unterausschusses der Ständigen Konferenz der Kultusminister der Länder (KMK) für Museumsfragen auf bestimmte Grundsätze des Umgangs mit Museumssammlungen verständigt. Diese Urteile und Empfehlungen beziehen sich allerdings weitgehend noch auf die Verwaltung der Bestände in „analoger“ Form und berücksichtigen Multimedia-Nutzungen nur beschränkt.

Eine wesentliche Rechtsposition der Museen beruht, wie zuvor erwähnt, auf dem Sacheigentum an den Sammlungs- und Archivgegenständen.

Gibt das Sacheigentum normalerweise nach den Regeln des bürgerlichen Rechts dem Eigentümer weitreichende Abwehrrechte gegen jede Einwirkung von Dritten, so unterliegen Museen, insbesondere solche, deren Bestände mit öffentlichen Steuergeldern erworben wurden, bestimmten einschränkenden Verpflichtungen, die im folgenden erörtert werden sollen.

Weitere Rechtspositionen erwerben die Museen als Inhaber übertragener Urheberrechte, insbesondere von Angestellten, Wissenschaftlern oder Fotografen.

In Fällen, in denen Bestands- oder Archivmaterialien von angestellten Fotografen im Rahmen ihres Beschäftigungsverhältnisses angefertigt wurden, kann das Museum bei entsprechender Vertragsgestaltung Nutzungsrechte erwerben und Rechte zur Nutzung dieser Fotografien an Dritte vergeben. Voraussetzung ist, daß der Dienst- oder Werkvertrag den Übergang der Rechte auf den Dienstherrn/Auftraggeber vorsieht. Beachtet werden müssen hier, wie oben dargestellt, ggf. Urheberrechte am abgebildeten Werk und Rechte am eigenen Bild.

Denkbar ist ferner, daß Museen durch Erwerb von Künstler- oder Fotografennachlässen auch urheberrechtliche Nutzungsrechte an einzelnen Kunstwerken oder auch an ganzen Nachlässen erwerben, selbst wenn nicht alle Werke in den Museumsbesitz übergehen. Der Kreis der erworbenen Rechte muß vertraglich genau definiert werden (siehe oben, II. Teil, Ziff. 9.1 und 9.2). In diesem Falle können sie auch urheberrechtliche Nutzungsrechte vergeben. Ausgeschlossen ist allerdings immer der Erwerb der Urheberpersönlichkeitsrechte; diese können nur im Rahmen der gesetzlichen Regelungen vererbt werden, also erst im Todesfall auf Dritte übergehen. Museen und Archive, die Nutzungsrechte erworben haben, haben auch die Möglichkeit, mit Verwertungsgesellschaften Verträge über die Nutzung dieser Werke abzuschließen, wenn eigene Werknutzung nicht sinnvoll ist, was insbesondere für den musikalischen und den Bereich der bildenden Kunst zutreffen dürfte. Speziell die Vergütungsansprüche können nur im Rahmen von Wahrnehmungsverträgen mit Verwertungsgesellschaften geltend gemacht werden.

2.2 Die Nutzung von Sammlungen durch Besucher

Jedes Museum bzw. jedes Archiv hat die Möglichkeit, aufgrund des ihm zustehenden, bürgerlich-rechtlich fundierten „Hausrechts“ die Nutzungsmöglichkeiten für Besucher zu begrenzen; Museen können festlegen, zu welchen Zeiten die Sammlungen geöffnet sind; sie können darüber hinaus im Rahmen der Benutzungsordnungen das Fotografieren gänzlich untersagen oder in seiner Ausübung beschränken.

Trifft ein Museum keine Regelungen im Hinblick auf das Fotografieren durch Besucher, so bedeutet dies lediglich, daß es die im Rahmen des Gesetzes – § 53, Abs. 2, Ziff. 2 – zulässige Anfertigung von Reproduktionen zu privaten und sonstigen eigenen Zwecken durch Besucher hinnimmt; der Museumsbesucher, der ein geschütztes Werk abfotografiert und sich diese Fotografie in seine Privatwohnung vergrößert an die Wand hängt, bewegt sich im Rahmen des Zulässigen. Unzulässig ist aber, daß ein als Besucher getarnter Mitarbeiter eines Verlags eine Reproduktionsvorlage eines geschützten Werkes anfertigt und diese im Anschluß vervielfältigt oder verbreitet: eine derartige Nutzung geht über den Rahmen des § 53 hinaus und greift bereits in Urheberrechte ein, wenn sie nicht sogar zusätzlich gegen die Benutzungsordnung verstößt und deshalb weitere rechtliche Konsequenzen nach sich ziehen kann.

Beabsichtigt der Besucher später, ein im Museum zulässigerweise zu privaten Zwecken gefertigtes Foto zu vervielfältigen, so ist zu unterscheiden: Bestand in dem betreffenden Museum eine Benutzerordnung, die das Fotografieren lediglich zu privaten Zwecken gestattete, so hat er beim Museum nachträglich die Genehmigung zur Verwendung dieser Fotografie einzuholen; darüber hinaus und in jedem Falle ist die Reproduktionsgenehmigung des Künstlers erforderlich, sofern es sich um ein geschütztes Werk handelt. Bestand keine Benutzerordnung, so müssen jedenfalls die Urheberrechte erworben werden.

Sofern ein Museumsbesucher in der Sammlung einen Bildschirm bedient, dessen Benutzung ihm angeboten wird, bewegt er sich im Rahmen des rechtlich Zulässigen; das Museum, das durch den Bildschirm den Inhalt einer Datenbank der Besucheröffentlichkeit zugänglich macht, ist seinerseits dafür verantwortlich, die notwendigen Rechte zu klären; der Besucher jedenfalls verletzt die Rechte des Künstlers selbst dann nicht, wenn die in die Datenbank eingespeicherten Werke ohne die erforderliche Genehmigung verwendet wurden.

2.3 Zulässigkeit gewerblicher Nutzungen durch Dritte

In welchem Umfang gewerbliche Nutzungen vom Museum bzw. vom Archiv hinzunehmen sind, ist rechtlich nicht unumstritten.

Der Bundesgerichtshof stellte in seiner Entscheidung „Schloß Tegel" fest, daß die Anfertigung von Aufnahmen eines im privaten Eigentum stehenden, aber mit öffentlichen Mitteln unterhaltenen Schlosses ohne die Erlaubnis des Eigentümers und die Vervielfältigung und gewerbliche Verbreitung solcher Aufnahmen einen Eingriff in das Eigentumsrecht darstellt.

Auch ein Gutachten der KMK vom 20.07.1975 kommt letztlich zum gleichen Ergebnis, allerdings in einer juristisch anders begründeten Ableitung unter Bezugnahme auf das Anstaltsrecht der Museen. Öffentliche Einrichtungen, die im verwaltungsrechtlichen Sinne „Anstalten" sind, haben danach die Befugnis, den Zugang der Öffentlichkeit zu reglementieren und diesen auf die üblichen Benutzungsformen zu beschränken. Für ein Museum bedeutet dies, daß die Sammlung bestimmungsgemäß der Öffentlichkeit zur Betrachtung und zum privaten Werkgenuß, ebenso zur wissenschaftlichen Arbeit, zur Verfügung gestellt werden muß. Hierbei kann, wie bereits oben unter Hinweis auf § 53 UrhG ausgeführt, heutzutage das Fotografieren durch die Besucher zu den zulässigen privaten Zwecken gehören.

Jede darüber hinausgehende Anfertigung von Reproduktionen zu gewerblichen Zwecken stellt jedoch anstaltsrechtlich betrachtet eine „Sondernutzung" dar, die dem Vorbehalt der Genehmigung des Anstaltsbetreibers unterliegt und insbesondere von der Erfüllung bestimmter Bedingungen und Auflagen abhängig gemacht werden kann.

Derartige Bedingungen und Auflagen können zur Ausgestaltung von Nutzungserschwernissen bis hin zum Verbot führen, soweit dies aus der Natur der Sammlung heraus oder dem fragilen Zustand einzelner Sammlungsgegenstände geboten ist. Beachtet werden müssen in diesem Zusammenhang allerdings die verwaltungsrechtlichen Grundsätze des Ermessensgebrauchs, die einen willkürlichen Ausschluß von Nutzern mit berechtigten Interessen ausschließen.

2.4 Empfehlungen der Kultusministerkonferenz (KMK) für das Fotografieren in Museen

Im Anschluß an die Grundsatzentscheidung des BGH zum Zugang zu Museen hat die Ständige Konferenz der Kultusminister der Länder am 14./15.05.1964 im Interesse der Rechtsvereinheitlichung für die der Länderhoheit unterstehenden Museen eine erste Empfehlung veröffentlicht, in der die Bedingungen zusammengefaßt werden, unter denen Reproduktionswünsche von gewerblichen Nutzern erfüllt werden können.

Sie wurde durch Beschluß der Kultusministerkonferenz vom 25. Juni 1992 durch eine neue Empfehlung „Grundsätze und Gebühren für das Fotografieren in Museen/Sammlungen für gewerbliche Zwecke und für die Verwendung von Fotos zur Reproduktion“ ersetzt, der unter dem Datum vom 20.04.1993 eine Erläuterung zur „Anwendung und Auslegung der Empfehlung“ zugefügt wurde. Letztere Erläuterung geht insbesondere auf Proteste der Organisationen der Verlage und Fotografen zurück, die in der Empfehlung vom 25.06.1992 eine ermessensmißbräuchliche Einschränkung ihrer Rechte erblickten.

Nach der neuen Empfehlung ist die Anfertigung von Reproduktionsvorlagen zu Erwerbszwecken grundsätzlich zulässig, allerdings an bestimmte Bedingungen geknüpft. Einschränkungen der Nutzung sind im Falle von sicherheitsbezogenen und konservatorischen Bedenken zulässig, nicht jedoch aus Wettbewerbsgesichtspunkten bzw. mit dem Verweis auf eigene vorhandene Museumsarchive. Soweit Museen Leihgaben verwalten, werden Vorbehalte der Eigentümer beachtet.

Gebühren können für unterstützende Dienstleistungen des Museums bei der Anfertigung von Fotografien verlangt werden, insbesondere für Handlungen, die erforderlich sind, um museumsseitig das Fotografieren überhaupt zu ermöglichen; zusätzlich können Kosten für die Übersendung von museumseigenen Reproduktionsunterlagen in Rechnung gestellt werden. Unabhängig davon, ob die Reproduktionsvorlagen angefertigt oder aus vorhandenen Archiven zur Verfügung gestellt wurden, sieht die Empfehlung weiterhin die Geltendmachung von Nutzungsgebühren vor, die keine urheberrechtliche Grundlage haben, sondern auf das Eigentumsrecht gestützt werden und je nach Verwendungszweck gestaffelt sein sollen, um die Sammlung angemessen am wirtschaftlichen Ertrag des Nutzers zu beteiligen. Berücksichtigung bei der Festsetzung der Gebühren müssen aber in der Regel Forschungs-, Bildungs- und ähnliche Zwecke finden.

Die Empfehlung sieht schließlich für mißbräuchliche Nutzungen Schadensersatzregelungen vor.

Die Empfehlung der KMK richtet sich an die Kultusminister der Länder als Museumsträger von landeseigenen Museen. Sie begründet, wenn sie in einzelnen Bundesländern nicht in Landesrecht übernommen wird, keine Rechte und Ansprüche privater Interessenten. Die Nutzung von Rechten im Rahmen des Umfangs der Empfehlung in der Praxis erfordert in jedem einzelnen Fall den Abschluß von Nutzungsverträgen zwischen Museen und gewerblichen Nutzern, da der Empfehlung keinerlei allgemein rechtssetzender oder sonstwie verbindlicher Charakter zueigen ist.

Bei der Umsetzung der Empfehlung durch Länder bzw. Museen ist weiter zu beachten, daß auch in Fällen, in denen der Zugang Dritter zu Werkreproduktionen im Rahmen der zulässigen Ermessensausübung untersagt wird, das Zugangsrecht der Werkurheber selbst zur Anfertigung von Reproduktionen seines Werkes gemäß § 25 UrhG gewahrt bleiben muß, sofern nicht wiederum berechtigte Interessen des Besitzers dem entgegenstehen.

Zusammenfassend ist also festzustellen, daß außenstehenden Dritten, die zu Erwerbszwecken Reproduktionen von Sammlungsgegenständen herstellen wollen, im Rahmen der durch die Rechtsprechung und die Empfehlung der KMK festgelegten Grenzen der Zugang prinzipiell nicht verwehrt werden kann, selbst wenn ein eigenes Museumsarchiv zur Verfügung steht. Ein Konflikt wird selten auftreten, wenn das Museum Reproduktionsvorlagen in der den Anfordernissen der Praxis entsprechenden Qualität bereitstellt und anbieten kann; der Nutzer wird in diesem Fall schon wegen der technischen Kosten auf die Anfertigung eigener Fotografien verzichten.

Dem Museum bzw. Archiv bleibt vorbehalten, im Rahmen des zivilrechtlichen Überlassungsvertrages Nutzungseinschränkungen und Konditionen zu vereinbaren, die neben die vom Urheberrechtsgesetz gegebenen Rechtspositionen der Werkurheber treten.

Eine Ausnahme besteht für Museen, die sich ausschließlich in privater Trägerschaft befinden und ohne maßgebliche Zuschüsse der öffentlichen Hand finanziert werden; sie sind an diese Richtlinien formal nicht gebunden und haben hinsichtlich der Überlassung der Sammlungsgegenstände an Dritte nur die Vorschriften des Bürgerlichen Gesetzbuches und des Urheberrechts zu beachten.

Unter Berücksichtigung der Rechtsprechung des BGH und der Empfehlungen der Kultusminister-Konferenz ergibt sich für öffentliche Museen eine Reihe von typisierten Nutzungsvorgängen, die im folgenden dargestellt werden sollen.

2.5 Typische Nutzungsvorgänge

2.5.1 Nutzung herkömmlicher Archive durch Dritte

Der Betrieb eines Archivs im engeren Sinne ist langfristig ökonomisch nur dann sinnvoll, wenn dafür Sorge getragen wird, daß potentielle Nutzer der Sammlungs- oder Archivgegenstände sich auch tatsächlich an das Archiv wenden, in dem diese Gegenstände archiviert sind, um durch die Entrichtung von Nutzungsgebühren zur Amortisierung der Archivkosten beizutragen. Das heißt, daß sie daran gehindert werden sollten, sich auf andere Weise und möglicherweise zu günstigeren Bedingungen Reproduktionen der Sammlungsgegenstände zu Nutzungszwecken zu beschaffen. Dies kann dadurch sichergestellt werden, daß bei der Herausgabe von Archivmaterial – selbst wenn es urheberrechtlich nicht mehr geschützt ist – ein eingeschränkter Verwendungszweck vereinbart wird und der Nutzer verpflichtet wird, erworbene Reproduktionsvorlagen oder andere Archivmaterialien nicht weiterzugeben.

Nicht ausgeschlossen werden kann allerdings, daß Dritte mittels fortschrittlicher Reproduktionstechniken legale Veröffentlichungen des Archivmaterials wiederum kopieren und sich damit in den Besitz von Duplikaten bringen, die sie weiterverwenden. Dies kann nur dann rechtlich verfolgt werden, wenn eine eindeutige Identifikation der Archivmaterialien möglich ist und darüber hinaus urheberrechtliche Positionen des ursprünglichen Archivs geltend gemacht werden können. Wird dagegen ein urheberrechtsfreier Archivgegenstand, der noch dazu auf einer nicht mehr geschützten Fotografie abgebildet war, von Dritten weiterverwendet, so ist hiergegen eine rechtliche Handhabe nicht gegeben.

2.5.2 Nutzung von Museumsbestände durch Fotografen, Bildarchive und Verlage

Die Nutzung von Museums- und Sammlungsbeständen durch freie Fotografen und durch Verlage wird wesentlich durch die oben erwähnte Richtlinie der KMK bestimmt.

Im Rahmen dieser Richtlinie ist Fotografen der Zutritt zu den dort geschilderten Konditionen zu gestatten, wobei die Vorbehaltsrechte der Urheber zu beachten sind.

Die Museen sollten, ähnlich wie die VG Bild-Kunst, die die Rechte der Künstler vertritt, darauf achten, daß ihre eigenen Rechte, soweit sie bestehen und neben den Rechten der Künstler eingeräumt werden, bei der Bemessung der Nutzungsvergütungen angemessen honoriert werden. Es sollte deshalb bereits in der Nutzungsvereinbarung mit dem Verlag festgelegt werden, zu welchem Zweck und für welches Medium eine Reproduktionsvorlage zur Verfügung gestellt wird.

Auf Anregung der Museumsreferenten der Kultusministerkonferenz hat die VG Bild-Kunst am 30.08.1994 folgendes Verwaltungsverfahren für diejenigen Museen vorgeschlagen, die nicht über eigene Verwaltungskapazitäten verfügen:

Auf Anfrage eines außenstehenden Nutzers übermittelt das Museum aus seinem Bildarchiv die entsprechende Abbildungsvorlage und stellt die hierauf anfallenden Verwaltungskosten dem Besteller in Rechnung.

Eine Kopie des Lieferscheins wird der VG Bild-Kunst übergeben, die im Rahmen eines Vertrags mit dem jeweiligen Museum beauftragt wird, die aus der Nutzung des Fotos zu Publikations- oder anderen Zwecken anfallenden Nutzungsgebühren im Rahmen einer tariflich festgesetzten Vergütungsordnung geltend zu machen, die Nutzung zu kontrollieren und mißbräuchliche Nutzungen mit allen rechtlichen Mitteln zu verfolgen. Die auf diese Weise eingezogenen Nutzungsvergütungen werden nach Abzug einer Verwaltungskostenpauschale den jeweiligen Museen zurückerstattet.

Auf diese Weise versichern sich die Museen der Dienstleistung einer mit der Verwaltung von Nutzungsrechten – im Bereich bildende

Kunst, Design und Fotografie – spezialisierten Einrichtung, die langjährige Kontakte mit allen einschlägigen Nutzern – Verlagen, Sendeanstalten, Werbeagenturen – unterhält und darüber hinaus im Rahmen ihrer Tarife dafür sorgen kann, daß unterschiedliche Nutzungsvorgänge nach unterschiedlichen Kriterien abgerechnet werden, z.B. wissenschaftliche Verwendungen geringer belastet werden als solche zu Werbezwecken.

Das hier beschriebene Modell der Zusammenarbeit bezieht sich allerdings nur auf herkömmliche Bildsammlungen und derzeit noch nicht auf elektronische Datenbanken.

2.5.3 Nutzung von Bildarchiven

Vor Errichtung elektronischer Datenbanken unterhielten und unterhalten Sammlungen Bilddatenbanken, d.h. Sammlungen von Fotografien und Diapositiven, die Sammlungsgegenstände wiedergeben und teilweise zusätzlich eigenständige Sammlungen von Lichtbildwerken bzw. Lichtbildern darstellen. Die Rechtslage ist, insbesondere wegen des Wiederauflebens von Schutzfristen zum 1.7.1995, kompliziert (vgl. II. Teil, Ziff. 2.8.3). Für geschützte Fotografien liegen in der Regel vertragliche Vereinbarungen vor. Diese wurden entweder aus Anlaß des Erwerbs bzw. der Aufnahme der Fotografien zur Vewertung ins Archiv mit den Urhebern abgeschlossen, oder sie können auch, wie geschildert, im Zusammenhang mit dem Abschluß von Arbeits- oder Werkverträgen stehen und Rechte der Mitarbeiter der Museen auf das Bildarchiv übertragen.

Rechtsgrundlage für die Gestattung der Nutzung dieser analogen Bildarchive durch die Betreiber ist also entweder die Übertragung des Nutzungsrechts auf die Sammlung oder das Eigentum.

Die Verwaltung solcher Bilddatenbanken erfolgt in der Regel durch Sammlungsangestellte. Vergütungen für die Nutzung durch Außenstehende werden als Kombination von Aufwandsersatz für die Kosten der Bildverwaltung und Geltendmachung einer weiteren nutzungsbezogenen Abgabe unter Berücksichtigung der Unterschiedlichkeit der Nutzungsarten festgesetzt.

In Berlin erfüllt diese Aufgabe das Bildarchiv Preussischer Kulturbesitz, soweit es um „kommerzielle“ Nutzungen geht. Ein vergleichbares Verwaltungsmodell besteht im Bereich der Bayerischen Staatsgemäldesammlungen in Kooperation mit einem privaten Bildarchiv, das die Nutzungshonorare geltend macht.

Auch diese Bildarchive können im Rahmen des zuvor beschriebenen Kooperationsmodells mit der VG Bild-Kunst zusammenarbeiten, wenn sie nicht über eigene Verwaltungskapazitäten verfügen.

2.5.4 *Nutzung der Sammlungs- und Archivbestände durch Fernsehproduzenten und Sendeunternehmen*

Eine weitere Nutzung von Sammlungen ist die Verfilmung von Sammlungs- und Archivbeständen entweder durch Auftragsproduzenten, die eigenständige Produktionen herstellen, die sie später an Sendeunternehmen veräußern, oder durch Sendeunternehmen selbst.

Neben dem Hausrecht können, soweit es sich lediglich um die Benutzung des Museums als Gebäude und Hintergrund für Filme mit Spielhandlung handelt, unter Umständen die Nutzungsrechte der Museumsarchitekten – soweit diese nicht durch den Architektenvertrag auf den Bauherrn, also auf den Museumsträger, übergegangen sind – oder derjenigen Künstler berührt werden, deren Werke als Hintergrund-Illustration zur Filmhandlung verwendet werden. Von einer relevanten rechtlichen Nutzung kann in diesen Fällen nur gesprochen werden, wenn sowohl das Gebäude als auch die Kunstwerke nicht lediglich als „Beiwerk" (s.o., II. Teil, Ziff. 8.7) benutzt werden.

Wenn es allerdings darum geht, monographische Sendungen von einzelnen geschützten Werken, die in der Sammlung selbst vorhanden sind, herzustellen, berührt der Sender einerseits das Hausrecht des Museums, das unter Berücksichtigung der Empfehlung der Kultusministerkonferenz ausgeübt werden muß, und darüber hinaus Urheberrechte der Künstler selbst.

Inwieweit das Museum überhaupt Fernsehsendern Zutritt gewährt, richtet sich nach der Benutzungsordnung und der jeweiligen Situation; der öffentlich-rechtliche Auftrag von staatlichen Museen enthält sicherlich die Verpflichtung, im Rahmen des Vertretbaren die aktuelle Berichterstattung zuzulassen und darüber hinaus wissenschaftlich fundierte Sendungen zur Erschließung des Sammlungsbestandes zu gestatten, sofern konservatorischen Bedenken Rechnung getragen und der erforderliche personelle Aufwand erstattet wird. Inwieweit die Museen als Inhaber des Hausrechts zusätzliche Vergütungen dafür verlangen, daß sie den jeweiligen Aufnahmeteams Zutritt verschaffen, regelt sich nach ihrer jeweiligen Benutzungsordnung und dem Zweck der Reproduktion.

Wesentlich strikter verhält es sich mit den Rechten der Künstler, deren Werke verfilmt werden sollen: Wenn es sich nicht um aktuelle Berichterstattung handelt und die Werke im Rahmen der Vorschrift des § 50 (s.o., II. Teil, Ziff. 8.5) aufgenommen werden, gehen die Vorbehaltsrechte sehr viel weiter als die zivilrechtlich begründeten Einwirkungsmöglichkeiten der Museen. Die Urheber sind bei der Ausübung ihrer Genehmigung an den öffentlichen Zweck des Museums nicht gebunden und unterliegen keinerlei Verpflichtung, ihre Werke der Verfilmung zur Verfügung zu stellen, auch wenn es sich um für die Kunstgeschichte wichtige Werke in einem bedeutenden Museum handelt. Lediglich im Rahmen der Zitatfreiheit des § 51 kann – und dann gänzlich ohne Genehmigung des Künstler – ein Werk verfilmt werden, allerdings unter der Voraussetzung, daß der Film selbst den notwendigen Anforderungen – eigenständiges wissenschaftliches oder Sprachwerk – entspricht und die Zahl der verwendeten Werke begrenzt ist.

Soweit Museen und Archive Sendeteams Archivmaterial zur Verfügung stellen, ist ebenfalls zu prüfen, ob hieran Urheberrechte Dritter bestehen; dies kann insbesondere bei Künstlerbriefen, Texten oder Filmen eine Rolle spielen: Hat beispielsweise ein Museum das Videoband eines Künstlers erworben und dabei auch die Berechtigung erworben, dieses Videoband im Rahmen regelmäßiger Vorführungen in den Museumsräumen zu zeigen, ist es noch nicht berechtigt, dieses Band zu Sendezwecken an ein Sendeunternehmen weiterzugeben, ohne daß der Künstler seine Zustimmung erteilt hat.

Handelt es sich bei den Sammlungsgegenständen, die verfilmt werden sollen, dagegen um gemeinfreie Werke oder Sammlungsobjekte, die keinem urheberrechtlichen Schutz unterliegen, so steht dem Museum lediglich die aus dem Hausrecht begründete Position zur Verfügung, die es berechtigen kann, die Filmaufnahmen an bestimmte Bedingungen zu knüpfen bzw. hierfür ein vom Museum selbst festzusetzendes Honorar zu fordern. Allerdings sind auch hier die aus der Beschlußfassung der Kultusministerkonferenz oder der Rechtsprechung des Bundesgerichtshofs resultierenden Verpflichtungen zu beachten.

2.6 Museen als Betreiber von elektronischen Datenbanken

2.6.1 Voraussetzung: Aufbau und Vernetzung von Datenbanken

Wie bereits zuvor angedeutet, eröffnet die digitale Speicher-, Reproduktions- und Übertragungstechnik den Museen und Archiven neue Chancen als Anbieter von Rechten, die ihnen nicht nur in ihrer Eigenschaft als Datenbankbetreiber zuwachsen, sondern in ihrer faktischen Position als Verwalter großer Sammlungen, die sie umgesetzt in „bits" in ihre Datenbanken einbringen, begründet sind.

Genau genommen handelt es sich schon jetzt bei den Museen in ihrer derzeitigen „analogen" Form der Sammlung von Gegenständen der unterschiedlichsten Art um riesige analoge Datenbanken, die Materialien und Werke verschiedenster Medien enthalten.

Mit der Aufnahme dieser Medien in digitale Speicher – entweder als authentische Replik audiovisueller oder akustischer Dokumente, als Reproduktion dreidimensionaler Gegenstände oder von „Flachware" (Bilder und Grafiken) – entstehen einzelne elektronische Datenbanken, die allen Formen der oben beschriebenen Nutzung offenstehen. Museen erwerben eigene Rechte als Datenbankbetreiber, die neben den Urheberrechten an den Datenbankinhalten bestehen (vgl. II. Teil, Ziff. 2.10).

Die Verbindung einzelner Datenbankinseln zu einer auf einen Museumskomplex (z.B. Museen und Archive der Stiftung Preussischer Kulturbesitz) oder, wie im Falle RAMA/IMIN, aus mehreren Museen in verschiedenen Staaten gewachsenen Datenbank ermöglicht eine einheitliche Erfassung und den Zugang sämtlicher potentieller Datenbankbenutzer zu allen Inhalten dieser Datenbank.

Voraussetzung der Schaffung einer derartigen umfassenden Datenbank, die durchaus nicht an einem Ort oder, bildlich gesprochen, in einem einzigen Datenspeicher existieren muß, sondern als „virtuelle" Datenbank aus der On-line-Verbindung mehrerer körperlich selbständiger Datenbanken bestehen kann, ist allerdings, daß die Speicherprogramme sich ähneln, zumindest miteinander kompatibel sind und, wenn auch durch Übersetzungsprogramme vermittelt, den angestrebten einheitlichen Zugang ermöglichen.

2.6.2 Kodierung und Verschlüsselung der Daten

Eine aussichtsreiche und identifizierbare Kontrolle der Nutzung und Verwertung von Datenbankinhalten durch außenstehende Nutzer kann nur verfolgt und abgerechnet werden, wenn die einzelnen Daten gekennzeichnet, „kodiert", sind. Die elektronisch vorgenommene und normalerweise optisch unsichtbare Kodierung ermöglicht die Identifizierung des gespeicherten Objekts nach Eigentümer, Standort, Urheber, Werktitel etc. Sichtbar gemacht, gleicht sie dem Strichcode. Die Entwicklung von Kodierungssystemen zur Kennzeichnung und Identifizierung von Datenbankinhalten wird auf Expertenebene seit mehreren Jahren intensiv betrieben; einzelne Systemvorschläge, z.B. für die Kodierung von Fotografien, existieren bereits als Angebot von Herstellern wie z.B. Kodak.

Zusätzlich zur Kodierung ist die Verschlüsselung von Daten möglich. Hierbei kann der Empfänger die Daten nur nutzen, wenn er über ein entsprechendes Dechiffrierprogramm verfügt, das in der Regel gegen Entrichtung einer Gebühr den Zugang zu den Daten freigibt. Derartige Kodierungssysteme werden derzeit vor allem im Bereich des „Pay-TV" angewendet, z.B. beim deutschen Progamm „Premiere".

Mit den Fragen der Standardisierung, insbesondere der Identifizierung audiovisueller Werke, befaßt sich auf Anregung der WIPO, der Urheberrechtsorganisation der Vereinten Nationen, die ISO (International Standard Organisation). Untersucht wird derzeit die Entwicklung internationaler Standardmusiknummern bzw. internationaler Standardnummern für die Erfassung von audiovisuellen Werken nach dem Muster der bekannten ISBN (International Standard Book Number). Es ist damit zu rechnen, daß in absehbarer Zeit entsprechende Standards veröffentlicht werden, die bei der Eingabe von visuellen Werken (Bildern und Fotografien) in digitale Datenbanken in die Datenkette „eingewebt" werden können.

Elektronische Identifikationsnummern können zwar unter Einsatz entsprechender technischer Mittel wieder entfernt werden, um die Identifikation zu neutralisieren und mißbräuchliche Nutzungen zu erleichtern; geht man jedoch zunächst von einem Interesse der Nutzer von digitalen Datenbanken an korrekter Abwicklung aus, so eröffnet die standardisierte Kodierung der Datenbankinhalte langfristig punktgenaue Kontrolle der Nutzung und die Etablierung von Abrechnungssystemen.

Festzuhalten ist, daß deshalb bei jeder Konzeption einer einheitlichen, zumindest „virtuellen" Datenbank einzelner Museumskonzepte bzw. aller deutscher Museen die Berücksichtigung eines Identifikationsstandards von Anbeginn an unbedingt erforderlich ist.

2.6.3 Rechtszuständigkeiten im Zusammenhang mit der Datenerfassung

Voraussetzung von Aufbau und Verwaltung einer Datenbank ist neben der technischen Errichtung die Klärung der Rechtszuständigkeiten im Hinblick auf die gespeicherten Daten.

Eine Datenbank kann, insbesondere unter Berücksichtigung der oben (III. Teil, Ziff. 3.1.1) geschilderten urheberrechtlichen Gegebenheiten sinnvoll nur genutzt werden, wenn Klarheit über die rechtliche Zuständigkeit an den Daten geschaffen wurde.

Unter diesem Gesichtspunkt sind folgende Kategorien von Daten zu unterscheiden:

2.6.3.1 Daten, an denen fremde Rechte bestehen

Sammlungsgegenstände, mit denen Urheberrechte außenstehender Personen verbunden sind, können nur ausgewertet werden, wenn die Zustimmung dieser außenstehenden Personen vorliegt. Für den Rechtserwerb bestehen zwei Möglichkeiten: die Zustimmung kann vor der beabsichtigten Nutzung und beschränkt auf einen bestimmten Nutzungszweck eingeholt werden. Sie kann außerdem dem Museum oder der Sammlung beim Erwerb der Sammlungsgegenstände vertraglich erteilt werden und eine Grundlage für die weitere Nutzung bilden; problematisch dabei ist jedoch, daß nach deutschem Recht die Einräumung von Nutzungsrechten nur auf bekannte Nutzungsarten bezogen wird. Die Einräumung von Nutzungsrechten für noch nicht bekannte Nutzungsarten sowie Verpflichtungen hierzu sind unwirksam (§ 31, Abs. 4 UrhG). Die Rechtseinräumung bei Vertragsschluß bietet also nicht die Gewähr, daß sie alle zukünftig möglich werdenden Nutzungsarten umfaßt.

Hinzu kommt, daß in einer Reihe von Fällen, in denen die Nutzungsrechte bereits von Dritten bzw. von Verwertungsgesellschaften verwaltet werden, eine weitere Einräumung bei Erwerb der Gegenstände oder nachträglich rechtlich ausgeschlossen ist. Eine Nutzung dieser Daten setzt also zwingend das Einvernehmen mit den Rechtsinhabern voraus.

Vorzuschlagen ist deshalb, den Rechtserwerb erst unmittelbar vor der Nutzung im Datenspeicher und in einem eindeutig bestimmten Umfang einzuholen bzw. sich im Fall vorliegender Rechtseinräumung zu überzeugen, ob diese die beabsichtigte Nutzung umfaßt.

2.6.3.2 Daten, deren Nutzungsrechte dem Museum eingeräumt worden sind

Eine Reihe von Sammlungsobjekten, die in transformierter Form Gegenstände von Datenbanken werden, fallen in die urheberrechtliche Rechtszuständigkeit der Museen; hierzu gehören die von Mitarbeitern der Museen geschaffenen Werke und Leistungen (Texte, Lichtbilder und Lichtbildwerke, Grafiken, audiovisuelle Werke). Hier wird in der Regel bereits durch den Anstellungs- oder Werkvertrag das Museum Inhaber der Nutzungsrechte, allerdings auch hier nur im Hinblick auf bekannte Nutzungsarten. Zur Auswertung im Rahmen der hier vorgestellten Nutzungsmöglichkeiten digitaler Datenbanken ist das Museum in der Lage, wenn der Anstellungs- oder Werkvertrag eine entsprechende Rechtseinräumung vorsieht. Probleme könnten bei solchen Verträgen bestehen, die zu einer Zeit abgeschlossen wurden, als die hier erörterte Datenbanktechnologie noch nicht als bekannte Nutzungsart anerkannt wurde. In diesen Fällen müssen die entsprechenden Rechte nachträglich erworben werden.

2.6.3.3 Daten, die dem urheberrechtlichen Schutz nicht unterliegen

Bei der dritten Kategorie von Sammlungsgegenständen handelt es sich nicht um Werke im Sinne des Urheberrechtsgesetzes (z.B also um handwerkliche Erzeugnisse, Bestandteile naturwissenschaftlicher Sammlungen etc.); ihre Nutzung setzt deshalb keinen Rechtserwerb voraus. Auch Sammlungsgegenstände, die Werke im Sinne des Gesetzes sind, können nach Ablauf der jeweiligen Schutzfrist „gemeinfrei“ werden und deshalb unbelastet von Urheberrechten Dritter verwaltet werden.

Ein Schutz dieser Sammlungsgegenstände gegen unbefugte Benutzung durch Dritte kann nur auf die aus dem bürgerlich-rechtlichen Eigentum an den Sammlungen abgeleiteten Abwehrrechte gestützt werden, die die Möglichkeit eröffnen, über die Beschränkung des Zugangs (Verhängung von Fotografierverbot, daraus abgeleitet Verhängung des Verbots, derartige Gegenstände umgewandelt als Datenbankbestandteile zu nutzen) Dritte von der Nutzung auszuschließen oder den Zugang an bestimmte Bedingungen zu knüpfen.

Die oben erwähnte Empfehlung der Ständigen Konferenz der Kultusminister der Bundesrepublik Deutschland vom 25.06.1992 („Grundsätze und Gebühren für das Fotografieren in Museen/Sammlungen für gewerbliche Zwecke und für die Verwendung von Fotos zur Reproduktion“) stützt sich im wesentlichen auf das Eigentum (vgl. III. Teil, Ziff. 2.4).

2.6.4 Nutzungsmöglichkeiten von Datenbanken: On-line-Nutzung und Off-line-Nutzung

Datenbanken der geschilderten Form – seien es Bausteine und in der Entwicklung befindliche, kleindimensionierte Datenbanken, seien es komplette Erfassungen ganzer Sammlungsbestände – werden grundsätzlich in zwei unterschiedlichen Formen genutzt: Für sog. On-line-Verwendungen, also für die Übertragung in Datennetzen, die den Zugang zur jeweiligen Datenbank jedem anderen Netzbetreiber, wenn auch unter bestimmten, festzulegenden Konditionen erlauben, und für die Herstellung von „Off-line“-Produkten, die vom Datenbankbetreiber selbst oder entsprechenden Dienstleistungsfirmen hergestellt werden und Datenbankinhalte in Form von Disketten oder CDs in allen möglichen Figurationen anbieten.

Beide Nutzungsformen unterscheiden sich von der traditionellen „analogen“ Nutzung dadurch, daß digital gespeicherte Informationen ohne Qualitätsverlust weiterverwendet werden können; die Nutzung einer Datenbank – sei es durch Herausgabe eines Off-line-Produkts, also einer CD, oder durch Anschluß dieser Datenbank an ein Datennetz – birgt deshalb die Gefahr, daß prinzipiell weitere Reproduktionen und Nutzungen des Datenbankinhalts möglich sind und unter Umständen illegal hergestellt werden können.

Die digitale Technik bietet darüber hinaus im Unterschied zur Analogtechnik die unbeschränkte Möglichkeit, Daten zu manipulieren, d.h. zu verändern, zu kombinieren, zu verkürzen und zu verfälschen. Dies kann durchaus im Interesse einer sinnvollen Nutzung der Daten liegen, kann aber ebenso sehr, gerade im Bereich der urheberrechtlich geschützten Werke, zu Entstellungen, Bearbeitungen und Veränderungen führen, die von den Rechtsinhabern nicht gewünscht werden.

Bei der Ermöglichung des Zugangs zu Datenbankinhalten in elektronischen Formaten ist deshalb auch diesem Gesichtspunkt Rechnung zu tragen.

2.6.5 Unterschiedliche Optionen zur Nutzung von Datenbanken

Die größte Schwierigkeit bei der Nutzung einer Datenbank resultiert aus dem Umstand, daß aufgrund der erläuterten urheberrechtlichen Situation die Nutzungsrechte einer großen Zahl von Rechtsinhabern gebündelt werden müssen, wenn eine innerhalb des Museums errichtete Datenbank sinnvoll genutzt werden soll.

Für die Verwaltung ergeben sich hieraus drei Alternativen:

- Das Museum als Datenbankbetreiber beschränkt sich darauf, nur die ihm selbst zustehenden Rechte zu verwalten und Dritten zur Nutzung anzubieten.
- Das Museum schließt einen Nutzungsvertrag mit einem außenstehenden, kommerziellen Unternehmen, das seinerseits bei verschiedenen Datenbankbetreibern und Rechtsinhabern die einschlägigen Rechte erwirbt und versucht, diese kommerziell anzubieten.
- Das Museum schließt sich einer kooperativen Organisation von Rechtsinhabern an und bietet seine eigenen Rechte gemeinsam mit den Inhabern anderer Rechte, im wesentlichen Verwertungsgesellschaften, fallbezogen zur Nutzung an.

2.6.5.1 Erste Alternative: Eigenverwaltung

Denkbar ist die Eigenverwaltung der Datenbank auf der Grundlage individueller Vereinbarungen zwischen dem Datenbankträger und den potentiellen Nutzern unter Einschaltung außenstehender Anbieter von Abrechnungssystemen wie z.B. Netzbetreibern oder sonstigen Vermarktungspartnern im privatwirtschaftlichen Bereich. Schwierigkeiten stellen sich diesem System im Hinblick auf die Einbeziehung urheberrechtlich geschützter Werke entgegen, deren Rechte nicht dem Museum übertragen worden sind: Sie setzt die Zustimmung der Urheber, ihrer Erben oder Verwertungsgesellschaften voraus, ohne deren Mitwirkung eine Verwertung geschützter Werke nicht möglich ist.

Ein derartiges Modell der Eigenverwaltung ist deshalb vor allem in naturwissenschaftlichen oder historischen Sammlungen unter der Voraussetzung möglich, daß Rechte an gespeicherten Fotos, Zeichnungen und Texten aufgrund von Anstellungs- oder Werkverträgen im erforderlichen Umfang auf die Sammlungen übergegangen sind und Rechte außenstehender Dritter nicht berührt werden.

2.6.5.2 Zweite Alternative: Zusammenarbeit mit kommerziellen Anbietern

Netzwerkentwickler und Softwareunternehmen, z.B. MicroSoft, eröffnen sich neue Marktsegmente, indem sie neben der Entwicklung von Software, also EDV-Programmen, und entsprechenden Computersystemen zusätzlich Netzwerke entwickeln; derartige Netzwerke bringen im Markt nur dann wirtschaftlichen Ertrag, wenn attraktive Datenbanken erreichbar sind und erschlossen werden können. Kommerzielle Netzwerkbetreiber haben deshalb erhebliches Interesse an „unerschlossenen“ Datenbanken, insbesondere im Bibliotheks- und Museumsbereich, und versuchen, entsprechende Kooperationsverträge zu schließen.

Die Zusammenarbeit mit einem kommerziellen Anbieter, der bereit ist, die aus dem Aufbau einer Datenbank entstehenden Investitionskosten anteilig zu übernehmen und im Gegenzug Verwertungsrechte erwerben will, kann für Sammlungen attraktiv sein, wenn die Ergebnisse der Kosten-Nutzen-Rechnung günstig für öffentliche Einrichtungen sind, die vielfältige Personal- und Sachinvestitionsmittel einsparen können. Im Hinblick auf die Feststellung der Angemessenheit des der Sammlung verbleibenden Vergütungsanteils ist allerdings der Nachweis der möglichen tatsächlichen Nutzungen durch den kommerziellen Partner wichtig.

Schwer zu lösen ist allerdings bei derartigen Kooperationsmodellen die Frage der Nutzungsrechte: Das Museum kann einem kommerziellen Partner nur die Rechte einräumen, über die es verfügt; sind die privaten oder durch Verwertungsgesellschaften vertretenen Inhaber der Nutzungsrechte an Daten nicht bereit, entsprechende Vereinbarungen mitzutragen, ist eine Zusammenarbeit nur im Hinblick auf bestimmte Datenbankbestandteile möglich. Denkbar ist allerdings, daß mit der Perfektionierung von Kodierungssystemen bestimmte Daten, die aus urheberrechtlichen Gründen nicht freigegeben werden können, entsprechend kodiert und gesperrt werden (das Verwaltungssystem der „Microgallery“ in der National Gallery in London verbietet ausdrücklich Benutzerausdrucke für bestimmte, geschützte Kunstwerke, weil es an einer entsprechenden Vereinbarung zwischen Rechtsinhabern und der National Gallery als Betreiber der „Microgallery“ bisher fehlt).

Die Alternative, bestimmte – und nur sehr eingeschränkt vorhandene – Rechte an einen kommerziellen Anbieter weiterzureichen, der seinerseits den fehlenden Rechtebestand, insbesondere die Urheberrechte, zu organisieren hätte, um dann ein vermarktbares „Paket“ zu schnüren, bringt es allerdings mit sich, daß sich das Museum insgesamt der Verfügungsgewalt über seine eigenen Rechte im Hinblick auf das veräußerte Paket weitgehend entäußert. Es kann sich – soweit die

Rechtseinräumung an das kommerzielle Unternehmen nicht exklusiv erfolgt – einzelne Nutzungsrechte zurückbehalten, ist aber letztlich vom weiteren Umgang zumindest für die Laufzeit des Vertrages ausgeschlossen.

Soll dies vermieden werden, muß als dritte Alternative eine Verwaltungsform gesucht werden, die dem Museum eine stärke Mitwirkungsmöglichkeit über die Nutzungen seiner Daten sichert; Charakteristikum eines derartigen Modells ist im Unterschied zur voranstehenden Alternative die Möglichkeit der Weitergabe von Rechten von Fall zu Fall, d.h. von Nutzung zu Nutzung, was eine sehr viel stärke Einbindung des Museums in die jeweiligen Genehmigungsvorgänge beinhaltet.

2.6.5.3 Dritte Alternative: Kooperative Verwaltung

Die nachstehend entwickelte Alternative steht vor dem Hintergrund der im Eingangskapitel geschilderten Bestrebungen von Regierungen und wirtschaftsplanenden überstaatlicher Einrichtungen, denen es darum geht, im Rahmen des Ausbaus der Informationsgesellschaft der Öffentlichkeit – auch Nutzern – möglichst umfassenden Zugriff auf Datenbanken zu ermöglichen, wobei jedoch am Grundsatz, daß den Urhebern und Rechtsinhabern die Kontrolle der Nutzung ihrer Rechte auch im Zusammenhang mit digitalen Nutzungen verbleiben soll, bisher weitgehend festgehalten wird. Von den Rechtsinhabern wird allerdings erwartet, daß sie geeignete Kooperationsformen anbieten, um die Erschließung von Datenbeständen nicht zu verhindern.

In den übereinstimmenden Erklärungen sowohl der amerikanischen Regierung in ihrem oben zitierten Weißbuch als auch der EU-Kommission in verschiedenen Generaldirektionen wird vorgeschlagen, Modelle der kollektiven bzw. zentralen Wahrnehmung der Rechte an Datenbankinhalten in Kooperation der verschiedenen Rechtsinhaber zu entwickeln (vgl. I. Teil, Ziff. 3).

Eine derartige Lösung ist strukturell möglich, wenn Museen und andere Datenbankbetreiber mit den in der Regel durch Verwertungsgesellschaften vertretenen Inhabern sonstiger Rechte, die für die Einspeicherung in eine Datenbanke erworben werden müssen, zusammenarbeiten.

Vorrangig handelt es sich hierbei um die Bildrechte einschließlich der audiovisuellen Rechte an künstlerischen Produktionen, um Musikrechte und um literarische Rechte. Die Verwertungsgesellschaften, die die entsprechenden Repertoires verwalten – die VG Bild-Kunst, die GEMA und die VG Wort –, erarbeiten Konzepte in Kooperation mit Verwertungsgesellschaften in anderen Staaten, um die ihnen bereits jetzt übertragenen Repertoires, insbesondere der Musik und der bildenden Kunst, in der geeigneten Form Nutzern im Bereich der On-line- und Off-line-Produktionen zur Verfügung zu stellen, wobei das Prinzip verfolgt wird, die entsprechenden Genehmigungen und Vergütungen möglichst individualisiert und nutzungsbezogen zu verwalten, um die Sicherung der Ansprüche der Urheber möglichst umfassend zu gewährleisten.

Es liegt nahe, die Interessen der Museen und der von Verwertungsgesellschaften vertretenen Rechtsinhaber im Bezug auf den Bestand der Museumsdatenbanken zu koordinieren, um eine umfassende Verwaltung sicherzustellen, wobei bei der Verteilung der erzielten Vergütungen dafür Sorge getragen werden muß, wer welchen Anteil an der gemeinsamen Auswertung zur Verfügung gestellt hat.

Der alternative und aus der Sicht des Verfassers zukunftsweisende Lösungsvorschlag richtet sich deshalb auf die Zusammenarbeit des Datenbankträgers mit einer oder mehreren Verwertungsgesellschaften verschiedener Repertoires mit dem Ziel, sämtliche mit Datenbankbestandteilen verbundenen Urheberrechte und sonstige, aus dem Eigentum fließende Rechtspositionen zur gemeinsamen Wahrnehmung einheitlich auszuüben und nach bestimmten, gemeinsam festgelegten Kriterien zur Nutzung anzubieten, die daraus folgenden Nutzungsvergütungen geltend zu machen und aufgrund individualvertraglicher Regelungen oder nach bestimmten Verteilungsschlüsseln an die Berechtigten auszuschütten. Zum Kreis der Berechtigten gehören neben außenstehenden Rechtsinhaber auch die Sammlungen selbst, die insofern ihrerseits von der gemeinsamen Rechtsverwaltung profitieren.

2.6.5.3.1 Zusammenarbeit von Datenbankbetreibern und Verwertungsgesellschaften

Den Museen sind Verwertungsgesellschaften bisher als Verwalter von Rechten, die in Museen genutzt werden, entgegengetreten: für das Konzert mußten bei der GEMA, für die Videovorführung und die Publikation von Kunstwerken bei der VG Bild-Kunst die Lizenzen eingeholt werden.

Mit dem Ausbau der Rolle der Museen zu Datenanbietern werden sie als Inhaber übertragener Rechte in bestimmtem Umfang auch als Wahrnehmungsberechtigte der Verwertungsgesellschaften wichtig, die sie bei der Verwaltung ihrer Rechte unterstützen können.

Die Einbeziehung der Inhaber übertragener Rechte in die Wahrnehmungstätigkeit der Verwertungsgesellschaften hat im übrigen ihre Vorbilder: in der GEMA sind Musikverlage, in VG Wort und VG Bild-Kunst Literatur- bzw. Kunstbuchverlage als Wahrnehmungsberechtigte oder Mitglieder vertreten, in der GVL werden neben den Rechten der ausübenden Musiker auch die Rechte der Tonträgerproduzenten wahrgenommen.

Es ist durchaus möglich, daß ein und derselbe Rechtsinhaber einerseits mit seiner Verwertungsgesellschaft die Lizensierung bestimmter Rechte abrechnet und andererseits Vergütungen für die Nutzung anderer Rechte durch die gleiche Verwertungsgesellschaft enthält: Kunstbuchverleger beispielsweise erwerben von der VG Bild-Kunst Reproduktionsrechte bildender Künstler und erhalten gleichzeitig von dieser Gesellschaft ihre Ansprüche aus der Fotokopie der von verlagsangestellten Illustratoren bzw. Fotografen hergestellten Illustrationen.

Das Verwertungsgesellschaftssystem auf der Basis des deutschen Wahrnehmungsgesetzes ist hier besonders deshalb anwendbar, weil Museen als in der Regel öffentliche Einrichtungen normalerweise gehindert sind, der Auswertung ihrer Sammlungsgegenstände rein kommerzielle Erwägungen zugrundezulegen. Sie müssen ihre Tätigkeit demgegenüber in der Regel darauf ausrichten, ihre Bestände einer unbegrenzten, durch gemeinsame Kriterien definierten Öffentlichkeit (alle Sendeunternehmen, alle Publikationsunternehmen, alle anderen Museen etc.) zugänglich zu machen und unterliegen insofern ebenfalls einem gewissen „Abschlußzwang“ wie Verwertungsgesellschaften.

Sie sind ebenso wenig wie Verwertungsgesellschaften daran gehindert, eine auf die Bedürfnisse jeweils bestimmter Benutzergruppen abgestimmte und auf den einzelnen Nutzungsvorgang bezogene Verwaltungsstruktur zu entwickeln, auch im Hinblick auf ihre Datenbanken.

Die Option „Verwertungsgesellschafts-Lösung“ ist auch deshalb günstig, weil sie selbst netzwerkfähig ist: Durch die internationale Verbindung der Verwertungsgesellschaften wird die Kontrolle und Wahrnehmung der von Museumsseite eingebrachten Rechte und Nutzungsmöglichkeiten international ermöglicht und gewahrt.

Soweit Sammlungen in die gemeinsame Verwaltung Daten einbringen, die urheberrechtsfrei sind, kann auch deren Nutzung auf der Grundlage der Zugangsbeschränkung kontrolliert werden; die entsprechenden Nutzungsvergütungen werden hier nicht mit der Nutzung urheberrechtlicher Werke oder Leistungen in Verbindung gebracht, sondern mit der Ermöglichung des Zugriffs auf eigentumsrechtlich gesicherte Positionen in der Zuständigkeit der Museen.

2.6.5.3.2 Abrechnungsverfahren

Wie bereits oben ausgeführt, ist Voraussetzung einer effektiven und detailgenauen Abrechnung der den Museumsdatenbeständen entnommenen Daten die Kodierung und ggf. Verschlüsselung dieser Daten. Da eine derartige Kodierung aus den genannten technischen Gründen in der nächsten Zukunft nur mit Schwierigkeiten erreichbar sein wird, ist hervorzuheben, daß auch ohne Kodierung eine nutzerbezogene Erfassung zu Abrechnungszwecken erfolgen kann, die pauschaliert quantifiziert, welche Verwertungen erfolgen.

Voraussetzung ist auch hierfür, daß Verbindungen der im Rahmen der Verwertungsgesellschafts-Lösung kontrollierten Datenbank zu anderen Datenbanken nur unter der Voraussetzung ermöglicht werden, daß die Benutzer der jeweils anderen Bank über spezielle Berechtigungsinstrumente verfügen (smart-cards, Nutzerkennungen o.ä.), die zumindest feststellen lassen, in welchem Umfang Werke aus einer Ausgangsdatenbank entnommen worden sind. Hieraus lassen sich in Verbindung mit Informationen über die später erfolgte Nutzung Abrechnungssysteme entwickeln und ggf. pauschalierte Vergütungen errechnen.

Das geschilderte Verwertungsgesellschafts-System läßt selbstverständlich auch kostenlose gegenseitige Nutzungen von Datenbeständen zu, indem bestimmte Vergütungsfaktoren vereinbarungsgemäß auf Null gesetzt werden.

Die Verrechnung der kontrollierenden und abrechnenden Verwertungsgesellschaft ihrerseits mit den berechtigten Museen kann im Rahmen eines zuvor pauschal festgelegten Schlüssels oder – je nach Differenzierungsmöglichkeit – auch bezogen auf die Einzelnutzung erfolgen. Hierbei kann auch im Hinblick auf eine einzelne Nutzung eine Aufspaltung der eingehobenen Vergütung auf verschiedene Rechtsinhaber an einem Werk (bei audiovisuellen Produktionen ist z.B. die Aufteilung zwischen Produzenten, Urhebern, Komponisten, Drehbuchautoren etc. erforderlich) vorgenommen werden.

Die Verwertungsgesellschaften können hierzu auf ihre bereits derzeit bestehenden, entsprechend stark differenzierten Aufteilungssysteme zurückgreifen, die die Zuordnung pauschal eingehobener Beträge auf eine Vielzahl von Berechtigten nach bestimmten Schlüsseln und Quoten ermöglichen und gleichzeitig äußerst kostengünstig abgewikkelt werden.

In praktischer Hinsicht erfordert die Umsetzung dieses Vorschlags den Abschluß entsprechender Verträge mit den zuständigen deutschen Verwertungsgesellschaften und die Einbringung vorhandener Rechte in deren Bestand.

Die Verwertungsgesellschaften ihrerseits verwalten die Rechte im Rahmen ihrer bestehenden oder neu abzuschließender Nutzungsverträge mit Netzbetreibern und anderen Nutzern. Hierbei führen sie die von ihnen aufgrund der Verträge mit Urhebern und Rechtsnachfolgern verwalteten Repertoires mit den von den Sammlungen eingebrachten Rechten zusammen.

Eigennutzungen des Museumsbestands werden von den Verwertungsgesellschaften, soweit erforderlich, im Rahmen der bestehenden Verträge lizensiert, Fremdnutzungen zum gemeinsamen Nutzen verwaltet und mit allen Berechtigten, darunter den Museen, abgerechnet.

3. Ausblick

Wie immer eine Museumsverwaltung sich entscheidet: Im Anschluß an die bisherige Verwaltungspraxis im „analogen Bereich“ auch zukünftig Rechte, die dem Museum zustehen, für digitale Off-line- und On-Line-Nutzungen von Fall zu Fall und ohne Kooperation mit Dritten zu vergeben, mit einem leistungsstarken Software-Unternehmen zusammenzuarbeiten oder die Kooperation mit Verwertungsgesellschaften zu suchen: Ziel sollte sein, die dem Museum überantworteten Bestände und die Ergebnisse der wissenschaftlichen Arbeit der Mitarbeiterinnen und Mitarbeiter in einer Art und Weise auch zukünftig zu nutzen, die dazu beiträgt, die materielle Substanz des Hauses zu erhalten bzw. zu vergrößern und darüber hinaus den ursprünglichen Auftrag des Museums gewährleistet, nämlich im öffentlichen Interesse geistige Güter zu bewahren, zu erschließen und in einer Art und Weise zu vermitteln, die dem Bildungsauftrag entsprechen, und gewährleisten, daß Museumsdatenbanken, sofern sie für den kommerziellen Verkehr stärker als bisher erschlossen werden, in verantwortlicher Weise genutzt werden.

Im Zuge der allerorts diskutierten Bestrebungen, Museen größere finanzielle Verantwortung und Handlungsfreiheit einzuräumen, ist eine gewissenhafte Auslotung der Verwertungsmöglichkeiten erforderlich, die jede Sammlung für sich genommen, aber auch im Verbund mit anderen Sammlungen bietet. Der Einstieg in die Informationsgesellschaft bietet nach Ansicht des Autors den Museen die große Chance, in dieser Hinsicht einen entscheidenden Schritt nach vorn zu tun und dabei ihre Chance zu sichern, den möglichen wirtschaftlichen Ertrag weitgehend dem eigenen Haus und damit der Erweiterung des eigenen Handlungsspielraums nutzbar zu machen.

Register

GPSR Compliance

The European Union's (EU) General Product Safety Regulation (GPSR) is a set of rules that requires consumer products to be safe and our obligations to ensure this.

If you have any concerns about our products, you can contact us on ProductSafety@springernature.com

In case Publisher is established outside the EU, the EU authorized representative is:

Springer Nature Customer Service Center GmbH
Europaplatz 3
69115 Heidelberg, Germany

Batch number: 10809472

Printed by Printforce, the Netherlands